T0267750

El poder
de los introvertidos

Holley Gerth

El poder
de los introvertidos

Por qué el mundo necesita
que seas como eres

EDICIONES OBELISCO

Si este libro le ha interesado y desea que le mantengamos informado
de nuestras publicaciones, escríbanos indicándonos qué temas son de su interés
(Astrología, Autoayuda, Ciencias Ocultas, Artes Marciales, Naturismo,
Espiritualidad, Tradición…) y gustosamente le complaceremos.

Puede consultar nuestro catálogo en www.edicionesobelisco.com

Colección Cábala y judaísmo
EL PODER DE LOS INTROVERTIDOS
Holley Gerth

1.ª edición: enero de 2023
Título original: *The Powerful Purpose of the Introverts*

Traducción: *Meritxell Almarza*
Maquetación: *Isabel Also*
Corrección: *M.ª Jesús Rodríguez*
Diseño de cubierta: *Enrique Iborra*

© 2020, Holley Inc. Publicado originalmente por Revell,
una división de Baker Publishing Group, USA.
(Reservados todos los derechos)
© 2023, Ediciones Obelisco, S. L.
(Reservados los derechos para la presente edición)

Edita: Ediciones Obelisco, S. L.
Collita, 23-25. Pol. Ind. Molí de la Bastida
08191 Rubí - Barcelona - España
Tel. 93 309 85 25
E-mail: info@edicionesobelisco.com

ISBN: 978-84-9111-956-2
Depósito Legal: B-22.041-2022

Impreso en España en los talleres gráficos de Romanyà/Valls S. A.
Verdaguer, 1 - 08786 Capellades - Barcelona

Printed in Spain

AGRADECIMIENTOS

Como introvertida, no me gusta recibir atención, pero me encanta darla.

A mi editora, Jennifer Leep, gracias por una década haciendo libros juntas. No sólo haces que todo lo que escribo sea mejor con tu perspectiva, sino que también eres una amiga a la que quiero y en quien confío.

A mi maravilloso equipo de la editorial Revell (especialmente a Wendy Wetzel, Amy Ballor, Eileen Hanson, Patti Brinks y Kelli Smith), estoy muy agradecida por los años que hemos pasado juntas, y espero con ilusión todo lo que vendrá.

A mi asistente virtual, Kaitlyn Bouchillon, tu diligencia, excelencia, creatividad y amistad ayudan más de lo que podrías imaginarte. Aprecio todo cuanto haces.

A mamá y papá, gracias por enseñarme que la tranquilidad es poderosa, la amabilidad es valiente, y convertirse en quien eres es la mayor aventura de la vida.

A mi abuela, Eula Armstrong, eres un ejemplo de resiliencia y de cómo seguir a Jesús toda la vida. Gracias por todas tus oraciones.

A mi hija, Lovelle, eres un regalo, y Dios sabía exactamente lo que nuestra familia necesitaba: ¡una valiente, brillante, alegre y hermosa extrovertida!

A mi nieta, Eula, no puedo esperar a ver cómo te ha creado Dios. Ya eres una alegría.

A mi esposo, Mark, no hay suficientes palabras para describir todo lo que eres para mí. Compañero, amigo, alentador, y el hombre del que estaré enamorada toda la vida. Doy gracias todos los días por compartir esta aventura contigo.

A mi equipo local de introvertidos y extrovertidos (incluyendo a Amy Crumpton, Heidi Tankersley, Jennifer Watson, Kara Culver, Kim Sawatzky, Suzie Eller y Taylor Weaver), gracias por animarme, aconsejarme y rezar por mí mientras escribía este libro. Y gracias a cada una de las Word Girls por aportar alegría y creatividad a mi escritura, mi vida y mi hogar.

A todos mis lectores introvertidos y extrovertidos que respondieron a mi encuesta, enviaron mensajes o hablaron conmigo, gracias por ayudar a dar forma a este libro a través de toda la sabiduría, las ideas y las historias que compartisteis.

Y sobre todo, a Dios, gracias por hacernos quienes somos. Que lleguemos a ser todo por lo que nos has creado.

Gracias por hacerme tan maravillosamente compleja.
Tu fino trabajo es maravilloso, lo sé muy bien.
(Salmos 139:14)

INTRODUCCIÓN

¿Consigues identificar rápidamente quién es introvertido y quién es extrovertido? Preparado, listo, ¡ya!

Catherine repasa su lista de tareas de camino al trabajo. *Dirigir una reunión, planificar un viaje, escribir un discurso.* Se cruza con una mujer que está parada en una esquina. Catherine huele el *whisky* y el perfume, ve la postura defensiva en los brazos cruzados, siente el dolor. La lista de tareas tendrá que esperar. Años más tarde, la mujer de la esquina será una de las 50 000 personas que asistirá al funeral de Catherine.

Alex entra en una sala de conferencias abarrotada, toma uno de los últimos trozos de tarta de cumpleaños y se retira a un rincón a mirar el móvil. Lleva una década trabajando ahí y sigue sintiéndose un extraño. Su rendimiento es mediano, el sueldo es suficiente y los beneficios adicionales están bien, pero se debate con una vaga insatisfacción. Se masajea un nudo en el hombro que no se deshace y mira el reloj, pensando: «¿Cuánto falta para irme a casa?».

Lewis se sienta con un grupo de amigos en un café. Hacen reuniones creativas desde hace más de una década, en las que cada uno trae un proyecto en el que está trabajando. Hoy John quiere saber qué opinan los demás del suyo. La conversación se intensifica a medida que el grupo ofrece opiniones y sugerencias, se desvía hacia actualizaciones personales y las risas atraen la atención de los que están en otras mesas.

Emma levanta la vista y ve a Lewis inmerso en una conversación con su amigo John. Se pregunta: «¿Cuándo fue la última vez que conecté realmente con alguien?». La soledad la invade, pero ella la aleja. «Me gusta estar sola», piensa. «Es mejor así». Pero a veces el silencio de su apartamento se vuelve ensordecedor.

Liz, una directora de marketing, le estrecha la mano a la gente al final de un intenso evento que ha coordinado a lo largo de diez días, en varias ciudades. Junto a ella hay un agricultor de cacao de Ghana que también es copropietario de la empresa. Ambos comparten un modelo de negocio centrado en el comercio justo y el empoderamiento que beneficia a miles de personas en todo el mundo.

La esposa de Joe le pregunta:

—¿Vienes a la cama?

Él le contesta lo que todas las noches:

—Pronto.

Nadie sabe que Joe ha creado un código informático que podría transformar la forma como se comunica la gente. Está completo, pero él sigue revisándolo. No puede dejar de lado la perfección, arriesgarse al rechazo. Una ansiedad familiar le envuelve mientras se duerme.

Entonces, ¿quiénes son introvertidos?

La respuesta que quizás no esperas es: *todos*.

La diferencia entre las personas que se encuentran en estas situaciones no es si son introvertidas o extrovertidas. Es si han aprendido a superar los conflictos que tienen consigo mismos y aceptar las virtudes que Dios les ha dado. Alex, Emma y Joe consideran que sus tendencias introvertidas los limitan, mientras que Catherine, Lewis y Liz las viven como algo que les da poder.

No me lo estoy inventando. Catherine es Catherine Booth, cofundadora del Ejército de Salvación, una de las mayores organizaciones sin ánimo de lucro del mundo. Tiene más de 150 años y sigue ayudando a 30 millones de personas al año a través de 3,5 millones de voluntarios y 7 500 centros de operaciones.[1]

Lewis es C. S. Lewis, el querido autor de las *Crónicas de Narnia*. John es J. R. R. Tolkien, autor de la serie de libros *El señor de los anillos*.

---

1. Deutsch, L., Bravo, V.: «On 150th Anniversary, Stats on Salvation Army's Impact», *USA Today*, 2 de julio, 2015. Disponible en: www.usatoday.com/story/news/nation-now/2015/07/02/salvation-army-150th-anniversary/29596003/

Los dos se reunieron durante décadas con un grupo de compañeros escritores conocidos como «Los Inklings», que no sólo se ayudaban en lo profesional, sino que también cultivaron una fuerte y profunda amistad.

Liz es Liz Miller, directora de marketing de Divine Chocolate, una multinacional con sedes en Washington DC y Londres, que ideó y llevó a cabo el evento de diez días. Para ella:

> Uno puede ser introvertido y, a la vez, un líder extraordinario. Solía pensar que sólo los extrovertidos podían ser buenos líderes; me equivocaba al creer que la persona más ruidosa era la que tomaba las mejores decisiones. Por el contrario, como introvertida he aprendido a aceptar las cualidades que me ayudan a tener éxito (contemplación, consideración, empatía) y a utilizarlas a mi favor y en el de mi empresa. Uno prospera siendo *exactamente como es*, no como cree que «tiene que ser».[2]

Estas historias no son excepciones.

¿Te sorprendería saber que Abraham Lincoln, Joanna Gaines, Max Lucado, Oprah Winfrey, Einstein, Brie Larson, Jerry Seinfeld, Bill Gates, Michael Jordan, la Madre Teresa de Calcuta, Beethoven, Audrey Hepburn y Moisés también son introvertidos?

La introversión no tiene que ver con lo mucho que nos gusta hablar o socializar, sino que la tenemos integrada en el cerebro y el sistema nervioso. Somos introvertidos o extrovertidos porque hemos sido creados así, ambos con increíbles virtudes y un gran potencial. Sin embargo, siempre escucho a los introvertidos decir:

«No tengo lo que hay que tener para liderar».

«No se me da bien conectar con la gente».

«No consigo expresar mi opinión, ni siquiera cuando es importante que lo haga»,

---

2. Weiner, Y.: «Liz Miller of Divine Chocolate: "You can be an introvert AND a phenomenal leader"», *Medium*, 9 de julio, 2019. Disponible en: https://medium.com/authority-magazine/liz-miller-of-divine-chocolate-you-can-be-an-introvert-and-a-phenomenal-leader-d90d96431cb8

Los estudios dicen lo contrario. El profesor, autor y estratega de liderazgo Jeff Hyman descubrió que «cuando se les compara en una amplia gama de funciones», los introvertidos rinden tan bien como los extrovertidos.[3] El 53 % de los millonarios se consideran introvertidos.[4] Un sorprendente estudio sobre liderazgo realizado a lo largo de diez años reveló que los directores ejecutivos introvertidos son «ligeramente más propensos a superar las expectativas de sus consejos de administración e inversores». Incluso en el área de ventas, que es bastante social, el análisis de 35 estudios que abarcan a casi 4000 vendedores determinó que los introvertidos tienen el mismo éxito que los extrovertidos.[5]

Los introvertidos suelen tener redes sociales arraigadas, basadas en la calidad más que en la cantidad, como relaciones a largo plazo que contribuyen significativamente a su salud física y psicológica. Los introvertidos también contribuyen de forma generosa y creativa a nuestra cultura: muchas causas, obras de arte e innovaciones no existirían sin su esfuerzo silencioso.

Los introvertidos no tienen que actuar como extrovertidos para tener éxito y ser grandes líderes, amigos o personas influyentes. He visto qué sucede cuando un introvertido intenta convertirse en alguien que no es. Lo he vivido. Inseguridad. Agotamiento. Ansiedad. Perfeccionismo. Soledad. Desgaste profesional.

Después descubrí cómo prosperar siendo introvertida.

Leí cientos de artículos, estudios científicos sobre el cerebro y libros sobre la introversión. Hice un máster en asesoramiento, me convertí en *coach* personal certificada y escribí libros que llegaron a ser superventas. Recogí consejos, nuevos y viejos, de introvertidos de todo el mundo.

No tienes por qué vivir momentos incómodos, sentir dolor y perder oportunidades durante años como yo (¿alguien más se ha escondido alguna vez en el baño?). Te enseñaré a dejar de rebelarte contra la intro-

3. Hyman, J.: «The Best Talkers May Not Be Your Best Performers», *Forbes*, 14 de agosto, 2018. Disponible en: www.forbes.com/sites/jeffhyman/2018/08/14/introverts/#584108e427dd

4. Hogan, C.: *Everyday Millionaires: How Ordinary People Built Extraordinary Wealth and How You Can Too.* Ramsey Press, Brentwood, Tennessee, 2019, cap. 5, Kindle.

5. Hyman, J., *op. cit.*

versión para que conquistes sus virtudes, como la influencia, la resiliencia y el bienestar. Pero este viaje no sólo te beneficia a ti. Nuestra cultura acelerada y estresada necesita más que nunca lo que le ofrecen los introvertidos. Las personas que quieres también lo necesitan.

Creo que los introvertidos estamos aquí para momentos como éste, nos han puesto en este mundo con un propósito. Demos hoy el próximo paso hacia ese propósito, juntos.

Holley

P.D.: Si estás aquí porque eres un extrovertido que ama, trabaja o comparte la vida con un introvertido, *gracias*. Te he escrito una nota en la parte de atrás del libro que espero que leas antes de continuar.

Ser
INTROVERTIDO
no es una
DEBILIDAD,
es tu
SUPERPODER.

1

QUÉ SIGNIFICA REALMENTE
SER INTROVERTIDO

¿Así que eres una persona callada y no siempre sabes qué decir? Al otro lado de esa «debilidad» hay una mente poderosa y analítica. ¿Te abrumas con más facilidad que los demás? Cuando estás solo, resuelves problemas, piensas en nuevas ideas y creas. ¿Haces «mmm» y «ajá» cuando hablas? Tu mente reflexiva procesa las cosas en profundidad. En lugar de ver tus atributos introvertidos como tus mayores defectos, ten en cuenta que, en realidad, pueden ser tus mayores virtudes.

JENN GRANNEMAN

Esta mañana estoy sentada en una cafetería que huele a café expreso y a rollos de canela recién salidos del horno. En una esquina hay una familia, la hija pequeña salta en su asiento como si fuera un trampolín. A mi derecha, hay tres hombres de negocios con un montón de papeles esparcidos sobre la mesa, discuten y marcan el texto con bolígrafo rojo. Un exuberante club de lectura se ha apoderado de la sala de atrás y de la mayoría de las magdalenas de arándanos. Algunas personas solas, como yo, están sentadas frente a su portátil con un café con leche.

Piensa en las veces que hayas estado con gente recientemente. Quizás en una mesa, acercándole a alguien el puré de patatas. En una reunión con hojas de cálculo y agendas apretadas. En la escuela, la iglesia o un evento deportivo. Caminando por tu vecindario, navegando por las redes sociales.

Teniendo en cuenta estas experiencias, ¿qué porcentaje de la población mundial crees que es introvertida?

A) 24,6
B) 37,4
C) 50,7
D) 73

Si has contestado A o B, formas parte de la mayoría. Los mitos sobre la introversión, y el hecho de que los introvertidos se sientan presionados a actuar como alguien que no son, contribuyen a que la gente sobreestime el porcentaje de extrovertidos.

Si has respondido D, es probable que formes parte de una comunidad especialmente extensa. Por ejemplo, cuando creé una encuesta en mi página web, en una semana respondieron más de 2000 personas y el 73 % eran introvertidas.

Si has respondido C, coincidirás con la Fundación Myers & Briggs, que ha analizado el resultado de muchas pruebas realizadas a lo largo de 30 años, procedentes de fuentes como el Instituto de Investigación de Stanford, y ha descubierto que el 50,7 % de las personas son introvertidas.[1] (Curiosamente, según una reciente muestra de líderes mundiales, el porcentaje es ligeramente superior, del 56,8 %).[2]

Piensa de nuevo en la última vez que estuviste con gente. En cualquier situación que hayas imaginado, la mitad de las personas que te rodeaban, o quizás más, probablemente eran introvertidas, aunque no lo parecieran.

---

1. The Myers & Briggs Foundation: «How Frequent Is My Type», consultado el 31 de marzo, 2020. Disponible en: www.myersbriggs.org/my-mbti-personality-type/my-mbti-results/how-frequent-is-my-type.htm
2. The Myers & Briggs Company: «Setting the Record Straight on World Introvert Day: Introverts Make Great Leaders Too», 2 de enero, 2020. Disponible en: www.themyersbriggs.com/en-US/Company/Press/Press/2020/January/Setting-the-Record-Straight-on-World-Introvert-Day

Ahora imagínate un mundo en el que el 100 % de las personas, introvertidas y extrovertidas, se atrevieran a ser quienes son. ¿Y si todos comprendiéramos cómo estamos hechos, utilizáramos nuestros puntos fuertes para servir al bien común y creciéramos como personas? Imagínate que cada día vivieras más así. Creo que es posible, y estoy aquí para ayudarte a conseguirlo.

El continuo introvertido-extrovertido

Aunque conocer el porcentaje de introvertidos y extrovertidos puede ayudarnos a entender el panorama general, las personas reales son más complejas que un número, y todos nos encontramos en algún punto de un continuo introvertido-extrovertido. Cada uno de nosotros está en un punto diferente que se ajusta a lo que somos y nos permite prosperar.

Extrovertido ————————|———————— Introvertido

¿Qué determina nuestro lugar en este continuo? Hace miles de años que el ser humano intenta responder a esta pregunta. El filósofo y médico griego Hipócrates (460-370 a. C.) teorizó que las variaciones de los fluidos corporales afectaban al temperamento. El psicólogo suizo Carl Jung (1875-1961) afirmó que la forma en que preferimos dirigir nuestra energía, interna o externamente, configura nuestra personalidad. Pero la mente humana, y nuestras diferencias, seguían siendo misterios, en su mayoría.

Entonces John Schenck sacó una *selfie* de su cerebro.

Aunque ahora en casi todos los hospitales hay una máquina de resonancia magnética, en la primavera de 1982 esa tecnología no existía. Los científicos no conocían los efectos de una fuerza magnética tan potente en el cuerpo humano. ¿Se podía sobrevivir?

Schenck, médico y doctor en física, se ofreció como voluntario para averiguarlo. El día del experimento, las enfermeras controlaron sus constantes vitales, listas para responder a cualquier emergencia. Schenck salió ileso y continuó desarrollando la tecnología de resonancia magnética. Unos meses después, la primera imagen de su cerebro cambió la historia de la medicina.[3]

La ciencia del cerebro todavía es un campo bastante nuevo y se producen descubrimientos constantemente, pero ahora sabemos mucho más sobre cómo estamos hechos y cómo eso influye en nuestro lugar en el continuo introvertido-extrovertido.

Quizás hayas oído que las preferencias personales, la forma de socializar o la timidez determinan la introversión. Nada de eso es cierto. Lo que te hace ser introvertido o extrovertido es la forma como respondes a los estímulos externos. (Si te parece extraño, pronto te lo explicaré). Los neurotransmisores, el sistema nervioso y las vías neuronales ayudan a determinar en qué punto del continuo introvertido-extrovertido te encuentras.

El sistema nervioso de los introvertidos

El sistema nervioso es la red de respuesta de tu cuerpo. Incluye el cerebro, los nervios, la médula espinal y los órganos sensoriales (ojos, oídos, lengua, piel y nariz). El sistema nervioso recibe información a través de los sentidos, la procesa y activa las reacciones. Si escuchas un chiste, te ríes y los nervios envían señales de placer al cerebro. Si oyes un ruido fuerte, te tapas instintivamente los oídos porque tus nervios envían señales de malestar. Cualquier cosa, ya sea emocional o física, que provoque una respuesta en el sistema nervioso se denomina «estimulación». Cuando la estimulación viene de fuera, se llama «estimulación externa».

La estimulación externa va de baja a alta.

---

3. Kellner, T.: «Heady Times: This Scientist Took the First Brain Selfie and Helped Revolutionize Medical Imaging», *GE Reports*, 18 de noviembre, 2015. Disponible en: www.ge.com/reports/post/74545109902/body-check-how-a-brainy-ge-scientist-helped/

Los introvertidos y los extrovertidos difieren en las respuestas de su sistema nervioso a la estimulación externa. Por tres motivos: 1) nuestros neurotransmisores, 2) si dependemos más del sistema nervioso simpático o del parasimpático y 3) nuestras vías neuronales.

LOS NEUROTRANSMISORES

Los neurotransmisores son mensajeros químicos que ayudan a dar forma a nuestras respuestas y a nuestro comportamiento. Los neurotransmisores dopamina y acetilcolina desempeñan un papel importante en las diferencias entre introvertidos y extrovertidos.

Piensa en la dopamina como en la cafeína. Cada uno tiene un determinado nivel de dopamina que le hace sentir bien. Si tenemos poca, nos sentimos aletargados y aburridos. Si tenemos mucha, nos sentimos abrumados e incómodos. La dopamina nos motiva a buscar estímulos externos y nos recompensa cuando los encontramos. Los introvertidos necesitan menos dopamina que los extrovertidos para sentirse mejor.

Hace poco, mi hija extrovertida y yo tomamos un café juntas. Mi bebida tenía una sola dosis de café; la suya tenía cuatro. Los estudios demuestran que los introvertidos son más sensibles a la cafeína que los extrovertidos.[4] Si pidiéramos dopamina, ocurriría lo mismo: un extrovertido probablemente disfrutaría con un parque de atracciones ruidoso y abarrotado de gente (café cuádruple), mientras que un introvertido preferiría un paseo por un parque de verdad en un día hermoso (monodosis). Un exceso de dopamina hace que los introvertidos se sientan ansiosos y luego agotados.

En el artículo «Por qué los introvertidos y los extrovertidos son diferentes según la ciencia», la escritora Jenn Granneman afirma: «La dopamina es una sustancia química que se libera en el cerebro y nos motiva a buscar recompensas externas, como ganar dinero, ascender en la escala social, atraer a una pareja o ser seleccionado para un proyecto importante en el trabajo. La diferencia está en la red de recompensa de la dopamina: es más activa en el cerebro de los extrovertidos que en el de los introvertidos».[5]

En cambio, en los introvertidos el neurotransmisor más activo es la acetilcolina. El cerebro introvertido libera esta sustancia química que nos hace sentir bien cuando nos concentramos en nuestras ideas, mantenemos conversaciones significativas y hacemos el trabajo que nos importa. Nos motivan los estímulos internos, como la alegría de entender algo, el consuelo de establecer una conexión profunda o la satisfacción de haber hecho un buen trabajo. Si la dopamina es como la cafeína, la acetilcolina es como un té de hierbas. Nos calma y nos lleva a un estado más tranquilo y pacífico.

Los extrovertidos bienintencionados pueden animarnos a «unirnos a la diversión», sin darse cuenta de que nos divertimos con lo que nos gusta hacer. No somos calmados: elegimos lo que nos satisface más. Nuestro cerebro introvertido prefiere la acetilcolina y nos recompensa por buscar espacios más tranquilos y actividades menos intensas.

---

4. Frost, A.: «The New Research on Coffee That Introverts Really Don't Want to Hear», *The Muse*, 23 de noviembre, 2014. Disponible en: www.themuse.com/advice/the-new-research-on-coffee-that-introverts-really-dont-want-to-hear

5. Granneman, J.: «Why Introverts and Extroverts Are Different: The Science», *Quiet Revolution*, consultado el 31 de marzo, 2020. Disponible en: www.quietrev.com/why-introverts-and-extroverts-are-different-the-science/

LOS SISTEMAS NERVIOSOS SIMPÁTICO Y PARASIMPÁTICO

Los extrovertidos están programados para gastar energía, los introvertidos para conservarla. El sistema nervioso autónomo está dividido en dos: el sistema simpático y el parasimpático. El simpático nos prepara para la acción y está asociado a la respuesta de huir o luchar. El parasimpático nos relaja y permite que nos recuperemos.

Aunque todos utilizamos tanto el sistema nervioso simpático como el parasimpático, la Dra. Marti Olsen Laney afirma que «los extrovertidos están vinculados al sistema nervioso simpático, de gasto de energía, de dopamina/adrenalina, mientras que los introvertidos están conectados con el sistema nervioso parasimpático, de conservación de energía, de acetilcolina».[6]

En situaciones de alta estimulación, los introvertidos que se ven obligados a depender del sistema nervioso simpático se sienten agotados. Como explica Olsen Laney, «toda esa adrenalina y glucosa agota a los introvertidos. Es demasiado estimulante, consume demasiado combustible y los deja con el depósito vacío».[7]

Hace poco asistí a un evento nocturno con una amiga extrovertida. La conferencia fue larguísima, y, además, durante el descanso me vi obligada a interactuar con los asistentes. Sentía que se me escapaba la energía por momentos. Mi sistema nervioso parasimpático me alentaba a irme a casa. Todo el rato miraba la hora en el teléfono, mientras me imaginaba con mi manta favorita, un buen libro y mi marido al lado.

Mi amiga miró su teléfono por otro motivo. Antes del evento, me había dicho que estaba con una docena de personas, de las cuales sólo conocía a una de antes. Después había asistido al evento. Y ahora estaba planeando encontrarse con otro grupo de amigos en un restaurante. Vi su creciente excitación, su sistema nervioso simpático la impulsaba a hacer más, más, más.

Antes me habría dicho que tenía que emular a mi amiga, a la que adoro. Pero ahora entiendo que estoy hecha para la calidad, más que para la cantidad. Mi sistema nervioso parasimpático me motiva a hacer

---

6. Olsen Laney, M.: *The Introvert Advantage: How Quiet People Can Thrive in an Extrovert World*. Workman Publishing Company, Nueva York, 2002, p. 73.

7. Ibíd., pp. 86-87.

lo que más me importa, cosas que, para mi amiga, son todo un reto. Puedo sentarme y escribir durante horas. Escuchar a una persona atentamente durante mucho rato. Hacer largos viajes en coche sin música sólo para pensar. Concentrarme intensamente en un proyecto. Dormir la siesta en un día de lluvia y sentirme feliz. Debido a su sistema nervioso parasimpático, los introvertidos suelen encontrar la alegría en menos, menos, menos.

LAS VÍAS NEURONALES

Cuando la Dra. Debra Johnson escaneó el cerebro de los introvertidos y los extrovertidos, descubrió que ambos utilizan vías neuronales primarias diferentes. Estas vías no tienen que ver con la inteligencia, sino con la forma como procesamos.

La vía primaria de un introvertido es más larga, más compleja y está centrada en el interior. La vía primaria de un extrovertido es más corta, más directa y está centrada en el exterior. Los extrovertidos dependen de la memoria a corto plazo, del aquí y ahora. Los introvertidos recurren más a la memoria a largo plazo, teniendo en cuenta el pasado, el presente y el futuro.[8] Debido a nuestra forma de procesar, los introvertidos a menudo necesitamos más tiempo para responder. No pensamos lento: pensamos profundamente.

Según la Dra. Laurie Helgoe, «los estudios de neuroimagen que miden el flujo sanguíneo cerebral revelan que, en los introvertidos, la activación se centra en el lóbulo frontal, responsable de la memoria, la planificación, la toma de decisiones y la resolución de problemas; es decir, el tipo de actividades que requieren concentración y atención».[9]

---

8. Olsen Laney, M. *op. cit.*, p. 69.
9. Helgoe, L.: «Revenge of the Introvert», *Psychology Today*, 1 de septiembre, 2010. Disponible en: www.psychologytoday.com/us/articles/201009/revenge-the-introvert?collection=46942

Resumen de las diferencias entre introvertidos y extrovertidos

	Introvertidos	Extrovertidos
Neurotransmisor	Acetilcolina	Dopamina
Sistema nervioso	Parasimpático	Simpático
Vía neuronal	Más larga y compleja	Más corta y rápida
Estimulación externa	Disminuye la energía	Aumenta la energía
Estimulación interna	Aumenta la energía	Disminuye la energía

Creados para ser introvertidos

Cuando leo textos científicos sobre cómo somos los introvertidos, siento asombro y gratitud. Pienso en lo que dijo el salmista: «¡Gracias por hacerme tan maravillosamente complejo! Tu fino trabajo es maravilloso, lo sé muy bien».[10] El pastor Adam McHugh afirma: «Podemos decir que hemos sido creados para ser introvertidos. Cuando nuestro Creador nos tejió, formó nuestros cerebros de manera que encontráramos satisfacción en la reflexión y consuelo en una vida más lenta y tranquila».[11]

Cuando nos volvemos hacia el interior, no nos retraemos ni nos contenemos: elegimos estar en un espacio sagrado de creatividad, contemplación e imaginación. En nuestro mundo interior se originan las ideas, las innovaciones, los avances, las soluciones y las conexiones íntimas con Dios.

Una encuesta reciente que llevó a cabo Gallup, una organización que analiza datos a nivel mundial, reveló que el 87 % de la población cree en Dios.[12] La espiritualidad es importante para muchos introvertidos, y la verás entretejida en las próximas páginas.

---

10. Salmos 139, 14.

11. McHugh, A.: *Introverts in the Church: Finding Our Place in an Extroverted Culture.* InterVarsity, Downers Grove, Illinois, 2009, p. 48.

12. Hrynowski, Z.: «How Many Americans Believe in God?», *Gallup*, 8 de noviembre, 2019. Disponible en: https://news.gallup.com/poll/268205/americans-believe-god.aspx

El camino que vamos a recorrer juntos tiene que ver con todos los aspectos que definen quiénes somos como introvertidos: físico, emocional, social, psicológico, práctico y espiritual. Nuestros cuerpos, corazones, mentes y almas.

Lo que la introversión no es

La introversión es una parte tan relevante de lo que somos que es importante que entendamos lo que *no* es. La introversión no es timidez. Susan Cain, autora de *Quiet* (Tranquilo), dice: «La timidez es el miedo a los juicios negativos, y la introversión es la preferencia por los entornos tranquilos y poco estimulantes».[13]

El 90 % de las personas se describen como tímidas en algún momento de su vida.[14] Al 13 % le diagnosticarán ansiedad social. La timidez y la ansiedad social tienen que ver con el miedo; la introversión tiene que ver con nuestra forma de ser. Una persona extrovertida que no acude a una fiesta porque tiene miedo de no encajar se siente tímida; una persona introvertida que elige pasarse un viernes por la noche leyendo se siente satisfecha.

La diferencia entre timidez e introversión es especialmente importante a la hora de educar a los niños introvertidos. Algunos padres bienintencionados pueden suponer que sus hijos, cuando juegan solos o se mantienen al margen de un grupo, lo hacen por miedo. Si tienes un hijo introvertido, puedes preguntarle: «¿Tienes miedo o te estás tomando un descanso?». Aunque los niños introvertidos a veces necesitan que se les anime a participar, también necesitan tiempo para recargar las pilas. Si te crio alguien que no entendía qué es ser introvertido, es-

---

13. Cain, S.: «Are You Shy, Introverted, Both, or Neither (and Why Does It Matter)?», *Quiet Revolution*, consultado el 31 de marzo, 2020. Disponible en: www. quietrev.com/are-you-shy-introverted-both-or-neither-and-why-does-it-matter/

14. Hendriksen, E.: «The 4 Differences between Introversion and Social Anxiety», *Quiet Revolution*, consultado el 10 de abril, 2020. Disponible en: www.quietrev. com/the-4-differences-between-introversion-and-social-anxiety/

pero que este libro te ayude a liberar parte de la presión que debes de haber sentido durante la mayor parte de tu vida.

Ser introvertido tampoco es ser antisocial, por supuesto. A veces he visto noticias del tipo «Capturan a un delincuente que robaba cachorros y asaltaba camiones de helados» con una cita de un vecino entrometido que decía: «Bueno, siempre fue un poco introvertido». Según las estadísticas, los extrovertidos extremos son en realidad «más propensos a tener comportamientos delictivos o antisociales y a que les arresten».[15] (Lo siento, extrovertidos, los introvertidos seríamos los únicos a quienes podríais llamar desde la cárcel, pero no contestamos al teléfono). En realidad, muchos introvertidos se preocupan tanto por los demás que eso les abruma, todo lo opuesto al comportamiento antisocial, la apatía o la indiferencia.

¿Se es introvertido de por vida?

En la encuesta que hice en mi página web, me encontré con respuestas del tipo «Antes era extrovertido, pero con la edad me he vuelto introvertido» o «Antes era introvertido, pero mi trabajo hizo que me volviera extrovertido». Estas afirmaciones me despertaron la curiosidad: ¿podemos pasar de extrovertido a introvertido, o viceversa? ¿Podemos ser ambas cosas a lo largo de la vida?

Los investigadores también se hicieron estas preguntas y descubrieron cómo predecir si un bebé será una persona introvertida o extrovertida: con el osito Winnie. El psicólogo e investigador Jerome Kagan realizó un famoso experimento, en el que analizó a quinientos bebés de cuatro meses.

En un vídeo de los años ochenta presenta a dos de estos bebés, Robbie y Jordan. Kagan cuelga un colorido móvil del osito Winnie delante de cada uno. Robbie lo mira fijamente, hace algunos ruidos y flexiona el cuerpo en señal de aprobación. Jordan, en cambio, agita los brazos

---

15. Kaufman, S. B.: «Will the Real Introverts Please Stand Up?», *Scientific American Blog Network*, 9 de junio, 2014. Disponible en: https://blogs.scientificamerican.com/beautiful-minds/will-the-real-introverts-please-stand-up/

y las piernas, reaccionando intensamente a los objetos desconocidos. Kagan denominó a los bebés como Jordan «altamente reactivos», ya que les afecta más la estimulación externa. Kagan siguió la evolución de los bebés hasta la edad adulta y constató que los del grupo altamente reactivo tenían más probabilidades de convertirse en introvertidos.[16]

Algunos estudios a largo plazo como el de Kagan indican que nuestro carácter general –por ejemplo, si somos introvertidos o extrovertidos– no cambia. Lo que cambia es nuestro comportamiento, a medida que aprendemos, crecemos y nos adaptamos. Los introvertidos pueden mejorar sus habilidades sociales. Los extrovertidos pueden perfeccionar su capacidad para escuchar. Y los psicólogos han descubierto que todos actuamos de forma más introvertida a medida que nos hacemos mayores. Somos «más tranquilos, más contenidos, necesitamos menos emociones…, somos más estables emocionalmente, afables y escrupulosos».[17]

A los dieciocho años, tu introversión podría estar aquí:

Extrovertido ⎯⎯⎯⎯⎯⎯|⎯x⎯⎯⎯⎯ Introvertido

Pero a los cuarenta años, probablemente esté aquí:

Extrovertido ⎯⎯⎯⎯⎯⎯⎯|⎯⎯⎯⎯x⎯ Introvertido

El continuo de un extrovertido a los dieciocho años podría ser así:

Extrovertido ⎯⎯x⎯⎯⎯⎯|⎯⎯⎯⎯⎯ Introvertido

Pero a los cuarenta años, sería más así:

Extrovertido ⎯⎯⎯⎯⎯x⎯|⎯⎯⎯⎯ Introvertido

---

16. *Infants Temperament*, vídeo de YouTube, subido el 6 de marzo, 2010. Disponible en: https://youtu.be/DTQEShVSUME
17. Cain, S.: «How Your Personality Matures with Time», *Quiet Revolution*, consultado el 31 de marzo, 2020. Disponible en: www.quietrev.com/how- your-personality-matures-with-time/

Todos nos movemos dentro de un «rango» natural en el continuo introvertido-extrovertido, pero seguimos siendo el mismo tipo de persona: los introvertidos no se convierten en extrovertidos ni viceversa.

Esto nos lleva a la cuestión de los *ambivertidos*, un término que describe a las personas que son a la vez introvertidas y extrovertidas. ¿Puede alguien ser ambas cosas?

Ser introvertido o extrovertido es similar a ser diestro o zurdo: hay quienes pueden usar las dos manos, pero en realidad una es la dominante. Sólo el 1% de la población es realmente ambidiestra. Cuando aceptamos las suposiciones culturales sobre los introvertidos y los extrovertidos, pensamos: «Puedo hablar o quedarme callado. Puedo salir o quedarme en casa. Entonces debo de ser ambivertido».

Pero a medida que lo entendemos mejor, descubrimos que somos o introvertidos o extrovertidos, aunque hayamos aprendido a usar bien «las dos manos». Tras considerar los estudios sobre los ambivertidos y hablar con miles de personas sobre su forma de ser, creo que la mayoría de la gente no lo es.

¿Cuál es tu lugar en el continuo introvertido-extrovertido?

Puntúa cada una de las afirmaciones que aparecen a continuación en una escala del 1 al 10, teniendo en cuenta que el 1 equivale a «no es para nada cierto en mi caso» y el 10 a «es muy cierto en mi caso».

- [ ] Me gusta pasar tiempo solo.
- [ ] Prefiero que otra persona sea el centro de atención.
- [ ] Prefiero pasar tiempo con una sola persona que pasarlo en grupo.
- [ ] Escucho y pienso antes de hablar.
- [ ] Necesito tiempo para procesar las cosas antes de tomar decisiones.
- [ ] Me atraen las conversaciones y los pensamientos profundos.
- [ ] Necesito pasar tiempo a solas para recargar las pilas y reflexionar.
- [ ] Soy observador y a menudo me doy cuenta de cosas que otros pasan por alto.
- [ ] Prefiero trabajar en entornos tranquilos e independientes.
- [ ] Estoy en mi mejor momento cuando me concentro completamente en lugar de dividir mi atención.

Suma tus respuestas para obtener una puntuación total: ___

Basándote en tu puntuación, calcula en qué lugar del continuo introvertido-extrovertido te encuentras. Puedes marcarlo con una X o resaltarlo.

Las diferencias entre nuestros neurotransmisores, sistemas nerviosos y vías neuronales revelan que *nacemos* introvertidos o extrovertidos. Hay muchos elementos en nuestro mundo que se complementan: el día y la noche, la tierra y el mar, lo masculino y lo femenino. Necesitamos que haya introvertidos *y* extrovertidos. Todos tenemos puntos fuertes, virtudes y habilidades que ofrecer.

Hacia dónde vamos: Del conflicto a la conquista

Aceptar lo que realmente somos requiere tener valor y trabajar duro, especialmente si nos hemos sentido presionados a ser alguien que no somos. Los clientes a los que asesoro, sobre todo los introvertidos, a menudo en la primera consulta dicen: «Hay una parte de mí que no me gusta. Quiero que me ayudes a deshacerme de ella».

Incluso el apóstol Pablo le pidió varias veces a Dios que le quitara algo que consideraba una debilidad. ¿Y cuál fue la respuesta divina que recibió?: «Mi gracia es todo lo que necesitas; mi poder actúa mejor en la debilidad».[18] A lo largo de los años, yo, como Pablo, he llegado a creer que lo más poderoso no es eliminar algo, sino transformarlo. Lo que somos puede crearnos conflictos internos, pero que podemos convertir en conquistas. Eso vale para todos, seamos extrovertidos o introvertidos.

18. 2 Corintios 12, 8-9.

Por ejemplo: por su sistema nervioso altamente reactivo, los introvertidos son más propensos a tener ansiedad.[19] Sin embargo, gracias a ese mismo sistema nervioso, los introvertidos suelen tener un fuerte sentido de la empatía.

¿Y si un conflicto es sólo el otro extremo de una conquista?

Conflicto	Conquista
Ansiedad	Empatía

Crecemos no al cambiar lo que somos, sino al aprender a alejarnos de nuestros conflictos y a acercarnos a nuestras conquistas. Eso activa nuestras virtudes, aumenta nuestro bienestar y nos empodera para ofrecer lo mejor de nosotros mismos al mundo. Darme cuenta de esto me ha cambiado la vida, y creo que cambiará la tuya.

Hablaremos de los conflictos que suelen tener los introvertidos y de las poderosas conquistas en las que podemos transformarlos. Te hablaré más de neurociencia, compartiré algunas historias y te mostraré algunos pasos prácticos que te empoderarán para superar lo que te ha estado frenando.

Vivimos en una cultura ruidosa y caótica. Todos buscamos menos estrés y más paz, menos ruido y más significado, menos prisa y más descanso. Creo que los introvertidos pueden guiarnos en este camino, para que todos podamos avanzar hacia una vida más plena.

---

19. Malone, M.: «For Introverts, Mindfulness Is the Key to Combating Negative Thoughts», *Introvert, Dear*. Disponible en: https://introvertdear.com/news/negative-thoughts-ruining-life/

2

VEAMOS MÁS DE CERCA QUIÉN ERES

Presta mucha atención a tu propio trabajo, porque entonces obtendrás la satisfacción de haber hecho bien tu labor
y no tendrás que compararte con nadie, pues cada uno es
responsable de su propia conducta.

GÁLATAS 6, 4-5

Kjerstin Gruys, una doctoranda en sociología, se encuentra frente a un
espejo de cuerpo entero. Ya ha superado muchos complejos sobre su
cuerpo y ha ayudado a otros a hacer lo mismo. Pero en este momento,
en el vestidor de una tienda de ropa, se siente como una alcohólica en
recuperación sentada ante una hilera de chupitos. La autocrítica la lleva
a tomar una decisión radical: no se mirará al espejo durante un año, ni
siquiera el día de su boda.[1] Stephen Gillatt, un hombre de cuarenta
años que vive en el Reino Unido, ha aprendido a peinarse y a cepillarse
los dientes sin mirarse al espejo porque su reflejo sólo le provoca rechazo: «Envidio a la gente que se mira al espejo únicamente con fines esté-

---

1. Deutsch, G., Moore, M.: «Meet the Mirror-Free Bride: Woman Avoided Mirrors for One Year», *ABC News*, 14 de agosto, 2012. Disponible en: https://
abcnews.go.com/Health/meet-mirror-free-bride-woman-avoided-mirrors-year/
story?id=17003595

ticos, para ver cómo les queda algo y si les gusta. Yo veo mis fallos como hijo, marido, padre, hermano y amigo. Veo mi ineptitud».[2]

Según la neurociencia, ver nuestro reflejo nos ayuda a desarrollar el sentido del yo, nos permite cambiar la perspectiva, nos hace menos torpes socialmente, aumenta nuestra conciencia emocional y refuerza nuestra conexión con el mundo.[3] Lo mismo sucede cuando miramos a nuestro yo interior. Pero, a veces, hacerlo es todo un reto, es incluso doloroso. ¿Por qué ocurre esto y qué podemos hacer al respecto?

Podemos empezar entendiendo las tres formas en que nos miramos. La autocrítica, como la que experimentaron Kjerstin y Stephen, nos aleja de poder ver quiénes somos realmente. El egocentrismo, por lo contrario, nos hace estar todo el día delante de un espejo metafórico. Sólo la autoconciencia nos permite ver nuestra verdadera identidad.

Autocrítico	Egocéntrico	Autoconsciente
Inseguro	Orgulloso	Seguro
Cree que los demás son mejores	Cree que es mejor que los demás	Cree que todos están hechos a imagen y semejanza de Dios
Los demás le dicen quién debe ser	Dice a los demás quiénes deben ser	Busca comprenderse a sí mismo y a los demás
Exagera sus puntos débiles, ignora los fuertes	Exagera sus puntos fuertes, ignora los débiles	Conoce bien sus puntos fuertes y débiles

2. Gladwell, H.: «Man Who Hasn't Looked at His Reflection in Months Opens Up about Phobia of Mirrors», *Metro News*, 20 de marzo, 2019. Disponible en: https://metro.co.uk/2019/03/20/man-who-hasnt-looked-at-his-reflection-in-months-opens-up-about-phobia-of-mirrors-8954905/

3. Well, T.: «Why Is Seeing Your Own Reflection So Important?», *Psychology Today*, 5 de agosto, 2018. Disponible en: www.psychologytoday.com

Autocrítico	Egocéntrico	Autoconsciente
Teme mirarse por lo que pueda ver	Siempre se mira	Es capaz de mirar hacia dentro, hacia fuera y hacia arriba
Ignora sus propias necesidades	Ignora las necesidades de los demás	Está atento a sus necesidades y a las de los demás
A menudo siente vergüenza	A menudo siente frustración	A menudo siente satisfacción
Se contiene por miedo	Se aprovecha para obtener beneficios personales	Se prodiga para un bien mayor
Condena	Condescendencia	Incentivo
Comparación malsana	Competencia malsana	Interdependencia sana
Mentalidad de «yo pierdo, tú ganas»	Mentalidad de «yo gano, tú pierdes»	Mentalidad de «ganamos juntos»
Piensa: «Tú tienes razón, yo estoy equivocado»	Piensa: «Yo tengo razón, tú estás equivocado»	Piensa: «Podemos aprender unos de otros»
Las diferencias son amenazas	Las diferencias son inconvenientes	Las diferencias son oportunidades para conectar
Cree que Dios es un juez severo	Cree que Dios es un genio personal	Cree que Dios es amoroso y bueno
Está atrapado en los mismos ciclos y debilidades	Piensa que no debe cambiar nunca	Quiere convertirse en la mejor versión de sí mismo
Nunca se mira al espejo	Se mira al espejo y no ve a nadie más	Se mira al espejo cuando es útil

Por qué es importante entender quiénes somos

Aaron aparca el coche y apoya la frente en el volante. No quiere ir a otra reunión de la junta directiva de una ONG local. Le encanta la causa, pero odia que esas reuniones se conviertan a menudo en debates sobre recaudación de fondos y cifras. «Tu título en empresariales nos será de gran ayuda», le había dicho el presidente de la junta. Aaron no le contó que lo que realmente quería era ser profesor. Sonrió y dijo: «Siempre es un placer ayudar».

Sarah intenta parecer comprometida mientras se sienta frente a un niño de seis años que dibuja un dragón. «Serás una gran mentora», le había dicho el director de la ONG. Ahora no está tan segura. Se siente culpable porque está aburrida, y probablemente este dulce niño también. Le encantaría tener un intenso debate sobre finanzas con él. «¿Tus padres te dan una paga?», le pregunta.

Aaron ve a Sarah cuando entra por la puerta principal y piensa: «Ojalá pudiera pasar el rato con ese niño en lugar de ir a otra reunión».

Mientras Aaron se aleja, Sarah piensa: «Ojalá pudiera ir a esa reunión en lugar de estar sentada aquí con este niño».

La situación en la que se encuentran Aaron y Sarah y sus consecuencias son leves: frustración y algunas oportunidades perdidas de ayudar a los demás. Como consejera y *coach* personal, he visto cosas peores: mujeres y hombres bienintencionados que siguen un camino que los lleva a la depresión; líderes diligentes e inteligentes que de repente explotan o implosionan; personas fieles y amables que hacen todo lo que consideran que deben hacer pero que odian la vida que llevan.

¿Qué ocurre?

A menudo pasamos por alto un paso que es crucial para crecer: la autoconciencia.

Creo que Dios nos ofrece una verdad espiritual que es la misma en cualquier lugar, en cualquier momento y para cualquiera. Por ejemplo, «amaos unos a otros» (Juan 13, 34). La mayoría somos conscientes de la verdad espiritual, pero sin autoconciencia puede resultar ineficaz en el mejor de los casos y peligrosa en el peor. Acabamos como Aaron y Sarah: haciendo muchas cosas buenas que nos hacen sentir mal (y que tampoco parecen ayudar a los demás). La autoconciencia nos da la sabiduría que necesitamos para aplicar bien la verdad espiritual.

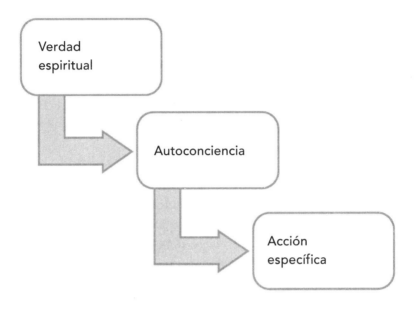

Cuando tenemos la verdad espiritual pero no entendemos cómo nos ha hecho Dios, hacemos lo que los demás nos dicen que debemos hacer en lugar de descubrir qué es mejor para nosotros. O depositamos en quienes nos rodean unas expectativas que se basan en nuestras opiniones y preferencias. Ambas cosas nos conducen a la infelicidad, y, a veces, a la mezquindad religiosa. La autoconciencia nos ayuda a dar y recibir gracia. Forma parte de crecer y convertirnos en quienes somos y de ayudar a otros a hacer lo mismo. La autoconciencia no cambia la verdad espiritual, sino que la reafirma ayudándonos a saber cómo vivirla de forma específica y personal cada día.

Amy Crumpton, terapeuta, *coach* personal e introvertida, se resistió a ser autoconsciente durante años, creyendo que era egoísta. Luego pasó por una época difícil en la que se sentía rota e inquieta, a pesar de todos sus esfuerzos. Después de acudir a Dios en busca de ayuda, dijo: «Finalmente, a través de mis lágrimas, sentí una voz segura y firme que decía: "No puedes saber realmente cuál es tu propósito hasta que aprendas a amarte como yo te amo"».[4]

El primer paso para amar a alguien es conocerlo. Las siguientes cuatro herramientas aumentarán tu autoconciencia introvertida. Te ayudarán a conocer tus preferencias, a saber cómo procesas las cosas, qué patrones sigues y cómo enfocas las relaciones personales. Antes de centrarnos en los conflictos que suelen tener los introvertidos y sus virtudes, quiero que entiendas que eres único. Si lo haces, tendrás el filtro y la base necesarios para todos los capítulos que te esperan.

Como un espejo, estas herramientas reflejan lo que eres, pero no lo determinan. Eres libre de cambiar lo que ves.

Tus preferencias: El indicador de personalidad Myers-Briggs®

A todos nos ha pasado alguna vez que hemos mirado a alguien y hemos pensado: «Mmm…, no te entiendo». Katharine Cook Briggs convirtió esa experiencia en un indicador de personalidad que han utilizado millones de personas.[5]

La hija de Katharine, Isabel, llevó a su futuro marido, Clarence Myers, a casa por Navidad. Aunque Katharine lo aprobaba, se dio cuenta de que era diferente al resto de su familia. Y se embarcó en una búsqueda para entender las personalidades. Isabel se casó con Clarence en 1918 y, cuando comenzó la Segunda Guerra Mundial, su interés por el comportamiento humano aumentó. Quería «ayudar encontrando un medio para que la gente se entendiera en lugar de destruirse».[6]

Katharine e Isabel crearon el indicador de personalidad Myers-Briggs en 1942 y trabajaron en él durante décadas. El indicador revela las preferencias que influyen en nuestra personalidad en cuatro áreas de nuestra vida: mundo preferido, información, decisiones y estructura.

4. Crumpton, A.: *Me First in the Mornings: A Plan to Take Charge of Your Time & Your Life without Feeling Selfish*. Positive Energy Publishing, 2019, p. 70.

5. Center for Applications of Psychological Type: «The Story of Isabel Briggs Myers», consultado el 2 de abril, 2020. Disponible en: www.capt.org/mbti-assessment/isabel-myers.htm?bhcp=1

6. Ibíd.

He creado una evaluación sencilla basada en el indicador Myers-Briggs sólo con fines informativos. No es un sustituto del verdadero (puedes obtener más información sobre el indicador en MBTIonline.com).

Resumen del indicador Myers-Briggs

Mundo preferido: Introvertido (I) o Extrovertido (E)
¿Prefieres centrarte en el mundo exterior o en tu mundo interior? Si todavía no estás seguro de si eres introvertido o extrovertido, revisa la evaluación del continuo introvertido-extrovertido del capítulo 1.

Información: Sensación (S) o Intuición (N)
¿En qué confías más, en tus cinco sentidos físicos (S) o en lo que sientes internamente (intuición, percepciones, impresiones, patrones y reacciones viscerales (N)?

Sensación (S)
Tiendo a…
- [ ] Ser consciente de lo que veo, pruebo, toco, oigo y siento.
- [ ] Tomar decisiones reuniendo información externa.
- [ ] Fijarme en los detalles antes que en el panorama general (los árboles no me dejan ver el bosque).
- [ ] Aprender mejor a través de ejemplos prácticos y de la experiencia.
- [ ] No estar de acuerdo con la afirmación: «Sólo tienes que confiar en tu instinto».
- [ ] Disfrutar de estar plenamente concentrado en el momento presente.

Intuición (N)
Tiendo a…
- [ ] Ser consciente de lo que es intangible, lo que no puedo ver pero sé que es real.
- [ ] Tomar decisiones de forma intuitiva y «simplemente porque lo sé», sin poder explicar el porqué.
- [ ] Ver el panorama general antes de fijarme en los detalles.

- [ ] Aprender mejor a través del lenguaje creativo, como las historias y las metáforas.
- [ ] No estar de acuerdo con la afirmación: «Sólo tienes que aceptar la realidad».
- [ ] Disfrutar imaginando lo que podría ser la vida, más que pensando en lo que es.

Decisiones: Pensar (T) y Sentir (F)

A la hora de tomar decisiones, ¿tienes en cuenta primero la lógica y los hechos (T) o las personas y los sentimientos (F)?

Pensar (T)

Tiendo a…
- [ ] Preferir los hechos a los sentimientos.
- [ ] Que me atraiga la información más que la inspiración.
- [ ] Tomar decisiones con la cabeza.
- [ ] Considerar el éxito en términos de resultados.
- [ ] No entender cuando la gente no usa el sentido común.
- [ ] Crecerme en situaciones que requieren mi ayuda práctica o experiencia.

Sentir (F)

Tiendo a…
- [ ] Preferir los sentimientos a los hechos.
- [ ] Que me atraiga la inspiración más que la información.
- [ ] Tomar decisiones con el corazón.
- [ ] Considerar el éxito en términos de relaciones
- [ ] No entender cuando la gente es insensible.
- [ ] Crecerme en situaciones que requieren mi apoyo personal o empatía.

Estructura: Juzgar (J) o Percibir (P)

¿Te sientes más cómodo con el orden y la claridad (J) o con la espontaneidad y la flexibilidad (P)?

Juzgar (J)

Tiendo a…
- [ ] Sentirme cómodo cuando todo está organizado.
- [ ] Disfrutar de la preparación.

☐ Crear listas, planes y calendarios.
☐ Sentirme ansioso por los cambios de última hora.
☐ Llegar a tiempo o temprano.
☐ Cumplir sistemáticamente los compromisos adquiridos..

Percibir (P)
Tiendo a…
☐ Sentirme cómodo cuando hay varias opciones posibles
☐ Disfrutar de las sorpresas.
☐ Sentirme limitado con listas, planes y calendarios.
☐ Que no me importen los cambios de última hora.
☐ Llegar unos minutos tarde, seguir la corriente y adaptarme.

Subraya o redondea las cuatro letras que encajen más contigo.

Tu tipo de personalidad Myers-Briggs:
I/E
S/N
T/F
J/P

RESUMEN DE LOS OCHO TIPOS DE INTROVERTIDOS DE MYERS-BRIGGS
En myersbriggs.org encontrarás los dieciséis tipos de personalidad.

Cuatro tipos de sentimientos
  INFJ: *El protector*
  Guardián del bien, resistente, perspicaz, empático, creativo y ordenado.
  INFP: *El idealista*
  Soñador que imagina un mundo mejor, ve lo mejor de los demás e intenta ser útil.
  ISFJ: *El alma máter*
  Cuidador atento que da lo mejor de sí a las personas, los lugares y los proyectos que se le confían.
  ISFP: *El artista*
  Pacificador creativo que valora ser abierto, original y apreciar la belleza de la vida.

Cuatro tipos de pensamientos

INTJ: *El científico*

Investigador de la vida con un don para convertir el análisis y el conocimiento en acción y resultados.

INTP: *El pensador*

Intelectual intuitivo que utiliza conceptos, teorías y conocimientos para crear ideas útiles.

ISTJ: *El cumplidor del deber*

Persona comprometida que valora la vida pacífica, la seguridad y conseguir los objetivos.

ISTP: *El mecánico*

Persona arriesgada que resuelve los problemas, busca la libertad, la sencillez y la posibilidad de vivir la vida a su manera.

Yo soy una INFJ y mi marido, Mark, es un ISTJ. Recién casados, fuimos a un consejero para entendernos mejor. El consejero dijo: «Dadme un ejemplo de sentimiento». Yo hice un discurso apasionado. Mark dijo: «Me siento limpio cuando salgo de la ducha». Teníamos que trabajar la comunicación.

El indicador de personalidad nos ayudó a reconocer nuestras diferencias con relación a los sentimientos y pensamientos y a aprender a hablar el idioma del otro. Tras varios años de casada, leí en una página web sobre personalidad algo como: «Los INFJ y los ISTJ son incompatibles y es poco probable que sean siquiera amigos». Uy. Cuando leas este libro, habremos estado casados durante dos décadas. Los test de personalidad nos ofrecen un punto de partida para entendernos a nosotros mismos y a los otros, pero nunca tienen la última palabra.

Tu proceso: Las cuatro tendencias

Gretchen Rubin se pasó un año intentando cantar por las mañanas, ordenar los armarios, aprender a boxear, leer a Aristóteles y, en general, divertirse más. Convirtió sus esfuerzos en el libro *Objetivo: Felicidad*, todo un éxito de ventas. El concepto: hacer un pequeño cambio al mes durante un año con el objetivo de conseguir un gran aumento en la felicidad al final.

Tras la publicación del libro, los lectores le preguntaban a Rubin: «Pero ¿cómo conseguiste hacer lo que querías?». Con estas conversaciones, Rubin descubrió que las personas reaccionan de diferentes maneras a las expectativas. Desarrolló el test de las cuatro tendencias (que ahora también es un libro) para identificar a los defensores, los complacientes, los interrogadores y los rebeldes.[7] Nuestra tendencia influye en cómo hacemos cambios, respondemos a las peticiones y crecemos como seres humanos.

Por ejemplo, un plazo es una expectativa. Subraya o marca con una X la descripción que más se parezca a ti.

☐ 1. Recibo el plazo de entrega, creo un calendario o una serie de hitos y termino el proyecto sin que nadie me controle.

☐ 2. Estoy motivado para cumplir los plazos porque los demás cuentan conmigo. Pero si un proyecto me afecta sólo a mí, me es más difícil cumplirlo, necesito tener que rendir cuentas.

☐ 3. Quiero entender el plazo. «¿Por qué es importante este proyecto? ¿Qué hace que este plazo sea el adecuado?». Cuando tengo respuestas satisfactorias, avanzo.

☐ 4. Cumplo el plazo si quiero y se ajusta a lo que soy, pero me opongo a cualquier cosa que parezca restrictiva, forzada u obligatoria.

Respuestas:
1 = Defensor, 2 = Complaciente, 3 = Interrogador, 4 = Rebelde

7. Rubin, G.: *Las cuatro tendencias: los perfiles básicos de personalidad que te enseñan a mejorar tu vida (y la de los demás)*. Océano, Barcelona, 2015.

Resumen de las cuatro tendencias[8]

Tendencia	Descripción	Lema	Puntos fuertes
Defensor	Responde fácilmente tanto a las expectativas externas como a las internas.	La disciplina es mi libertad.	Persona emprendedora, motivada, concienzuda, fiable, minuciosa, dispuesta a cumplir las expectativas (normas, reglamentos, objetivos de rendimiento, etc.).
Complaciente	Responde fácilmente a las expectativas externas, pero tiene dificultades para satisfacer las internas.	Puedes contar conmigo, y yo cuento con que cuentes conmigo.	Fiable, responsable, trabaja en equipo, líder receptivo, siente una gran obligación de cumplir las expectativas de los demás, dispuesto a hacer un esfuerzo adicional, muy comprometido.
Interrogador	Cuestiona todas las expectativas; sólo cumple una expectativa si cree que está justificada, únicamente responde a las expectativas internas.	Cumpliré, si me convences de por qué.	Se guía por los datos, está interesado en crear sistemas eficientes y eficaces, está dispuesto a sacudir el sistema si está justificado, tiene una gran voluntad, investiga.
Rebelde	Resiste a todas las expectativas, tanto externas como internas.	No puedes obligarme y yo tampoco.	De mentalidad independiente, capaz de pensar de forma diferente, no está influenciado por las opiniones convencionales, dispuesto a romper con las convenciones sociales, en contacto con sus auténticos deseos.

8. Ibíd.

Puedes hacer el test oficial de las cuatro tendencias en quiz.gretchenrubin.com (más de un millón de personas ya lo han hecho) o encontrarlo en su superventas *Las cuatro tendencias*.

¿Por qué es importante que conozcas tu tendencia a la hora de convertir tus conflictos en conquistas? Porque influye en la forma en que vas a cambiar tu vida. Por ejemplo, si eres una persona introvertida, es posible que quieras pasar más tiempo a solas para reponerte. Cómo lo hagas dependerá de tu tendencia.

Si eres un defensor, necesitarás un sistema ordenado que implique planificación. Pon «pasar tiempo a solas» en las herramientas prácticas que utilizas, como las listas de tareas o los calendarios.

Si eres un complaciente, necesitarás rendir cuentas. Cuéntale a alguien tu objetivo o únete a un grupo y pídeles que te pregunten cómo te va.

Si eres un interrogador, necesitarás tener claro por qué pasar un tiempo a solas es importante para ti y cómo te sienta bien. Investiga y luego elige la solución que consideres mejor.

Si eres un rebelde, necesitarás flexibilidad y conectar tu objetivo con tu identidad. Recuérdate: «Nadie me obliga a hacer esto y puedo hacerlo como quiera. Soy el tipo de persona que valora pasar tiempo a solas».[9]

Conocer nuestra tendencia también nos revela qué necesitamos espiritualmente al intentar cambiar.

Como soy una defensora, necesito mucha gracia.

Los condescendientes necesitan permiso para descansar.

Los interrogadores, una paz que supere la comprensión.

Los rebeldes, libertad verdadera y vivificante.

Vivimos en una cultura que nos dice que podemos hacer cualquier cosa si nos lo proponemos. Cuando no lo conseguimos, echamos la culpa a la fuerza de voluntad, pero a menudo se trata de una falta de autoconciencia. Cuando entendemos cómo respondemos a las expectativas, podemos adaptarnos y avanzar.

---

9. Resumido de Rubin, G.: *Better Than Before: What I Learned about Making and Breaking Habits—to Sleep More, Quit Sugar, Procrastinate Less, and Generally Build a Happier Life.* Broadway Books, Nueva York, 2015.

Tus patrones: El eneagrama

La historia del eneagrama parece sacada de una película de Indiana Jones. Nadie sabe con certeza dónde o cómo se originó. Se asocia a Pitágoras (filósofo griego que vivió en el siglo V a.C.). En el siglo III, un grupo de cristianos conocidos como los padres y las madres del desierto lo difundieron. Y durante los últimos veinticinco años, la escritora y conferenciante Suzanne Stabile se ha dedicado a enseñarlo. Según ella, «el eneagrama nos muestra que hay nueve formas diferentes de experimentar el mundo».[10]

El tipo de eneagrama nos ayuda a reconocer nuestros patrones, motivaciones y mecanismos de defensa. No se trata de nuestra identidad o personalidad, sino de una forma que hemos desarrollado para afrontar la vida. Para mí, lo más importante ha sido comprender cómo respondo naturalmente al estrés. Esa conciencia me ha ayudado a tomar decisiones diferentes y más sanas. Así que presta mucha atención a las afirmaciones sobre el estrés en el siguiente ejercicio.

Quizás por su larga historia, el eneagrama es el más complejo de todos los instrumentos de autoconciencia. A continuación, te ofrezco un breve resumen.

9 tipos de eneagrama

¿Cuál de estas descripciones se parece más a ti?

TIPO 1
El perfeccionista
Se esfuerza por: ser bueno y hacer el bien
Se debate con: escuchar el ruidoso crítico interior
Respuesta al estrés: «si lo hago todo bien, nada saldrá mal»

TIPO 2
El ayudante
Se esfuerza por: ganarse el aprecio y el afecto

---

10. Stabile, S.: *El camino que nos une: la sabiduría del eneagrama en las relaciones.* Editorial Origen, 2020.

Se debate con: ignorar sus propias necesidades y sentimientos
Respuesta al estrés: «si me aseguro de que todos los demás están bien, entonces yo también lo estaré»

TIPO 3

El intérprete
Se esfuerza por: ser visto como exitoso
Se debate con: elegir la imagen en lugar de la autenticidad
Respuesta al estrés: «si parezco que estoy bien, entonces las cosas no irán mal»

TIPO 4

El romántico
Se esfuerza por: evitar ser como los demás
Se debate con: vivir en su propio mundo y estado de ánimo
Respuesta al estrés: «si no me gusta la realidad, entonces escaparé de ella»

TIPO 5

El investigador
Se esfuerza por: seguir siendo capaz y competente
Se debate con: retraerse y no utilizar los recursos de los demás
Respuesta al estrés: «si soy autosuficiente, entonces no tendré conflictos»

TIPO 6

El leal
Se esfuerza por: mantener la seguridad y la protección
Se debate con: dejarse llevar por el miedo y la ansiedad
Respuesta al estrés: «si ocurre lo peor, al menos estaré preparado»

TIPO 7

El entusiasta
Se esfuerza por: experimentar constantemente la felicidad
Se debate con: evitar cualquier cosa desagradable
Respuesta al estrés: «si mi vida está siempre llena, entonces nunca me sentiré vacío»

TIPO 8

El contrincante

Se esfuerza por: mantenerse fuerte en todo momento
Se debate con: admitir la debilidad y recibir ayuda
Respuesta al estrés: «si soy fuerte, nada tiene el poder de hacerme daño»

TIPO 9.

El pacificador

Se esfuerza por: mantener la calma y evitar el conflicto
Se debate con: la proactividad y ser su propia persona
Respuesta al estrés: «Si mantengo la paz, mi vida no caerá en pedazos»

Puedes hacer un test gratuito en yourenneagramcoach.com para determinar cuál es tu eneagrama.

Yo soy un Uno (el perfeccionista, aunque prefiero el término «potencialista»). Antes de conocer el eneagrama, creía que todo el mundo luchaba contra un ruidoso crítico interior todo el día, todos los días. Me sorprendió descubrir que otros números no comparten este conflicto. Empecé a pedirle a Dios que acallara mi crítico interior y me ayudara a escuchar su bondad.

Se nos dice: «Con respecto a la vida que antes llevaban, se les enseñó que debían quitarse el ropaje de la vieja naturaleza» (Efesios 4, 22). La vieja naturaleza incluye pensamientos poco útiles y comportamientos poco saludables que hemos adquirido para sobrevivir. El eneagrama nos ayuda a reconocerlos y a dejarlos ir. En lugar de que el miedo nos retenga, dejamos que la gracia y el amor nos guíen.

Tus relaciones personales: Los cinco lenguajes del amor

Incluso si ya estamos familiarizados con los lenguajes del amor, podemos pensar en cómo la introversión o la extroversión los afecta.

El Dr. Gary Chapman atiende a una pareja en una sesión de terapia conyugal. La esposa dice:

—Siento que no me quiere.

El marido protesta:

—¡No sé qué más hacer!

Después de presenciar esta escena muchas veces, Chapman siente curiosidad: ¿por qué es tan difícil dar y recibir claramente el amor?

Para responder a esta pregunta, se dedicó a revisar años de notas de sesiones y descubrió diferentes «lenguajes del amor». Su libro *Los 5 lenguajes del amor* ha vendido más de 12 millones de ejemplares y ha permanecido en la lista de los más vendidos del *New York Times* durante más de una década.[11] Aunque los lenguajes del amor comenzaron con las parejas, el Dr. Chapman amplió el marco original para incluir todo tipo de relaciones.

Los cinco lenguajes del amor

Palabras de afirmación
Tiempo de calidad
Dar y recibir regalos
Actos de servicio
Toque físico

Para determinar rápidamente tus principales lenguajes del amor, clasifica los elementos de las dos listas siguientes del 1 al 5 (1 = primera opción).

Me siento más querido cuando alguien...
☐ Me lo dice (me dice «te quiero», me escribe una nota cariñosa).
☐ Hace algo conmigo (una cita, un paseo en bicicleta).
☐ Lo muestra de forma tangible (regalo cuidadosamente elegido, joya simbólica).
☐ Hace algo por mí (prepara la cena, me ayuda con un proyecto).
☐ Lo expresa con su cuerpo (abrazo, palmadita en la espalda).

---

11. Chapman, G.: *Los 5 lenguajes del amor. El secreto del amor que perdura.* Unilit, Medley, 2017.

Suelo demostrar mi amor por alguien…

☐ Diciéndoselo (le digo «te quiero», le escribo una nota cariñosa).
☐ Haciendo algo con él o ella (una cita, un paseo en bicicleta)
☐ Mostrándoselo de forma tangible (regalo cuidadosamente elegido, joya simbólica).
☐ Haciendo algo por él o ella (preparo la cena, ayudo con un proyecto).
☐ Expresándoselo con mi cuerpo (abrazo, palmadita en la espalda).

Clave de las respuestas:
Decir = Palabras de afirmación
Hacer con = Tiempo de calidad
Mostrar de forma tangible = Dar y recibir regalos
Hacer por = Actos de servicio
Expresar con el cuerpo = Toque físico

Puedes hacer el test oficial de los 5 lenguajes del amor en 5lovelanguages.com.

¿Cómo influye la introversión en la forma de dar y recibir amor? Explícaselo a los extrovertidos de tu vida. Cuando lo hagas, pregúntales también qué es lo que les hace sentir más valorados.

Un extrovertido al que le gusten la atención y las «palabras de afirmación» agradecerá los elogios en público. Un introvertido que evita la atención y las «palabras de afirmación» probablemente preferirá una conversación personal o una nota. Sí, tenemos que conocer los lenguajes del amor, pero también cómo transmitirlos.

En su libro *Reading People* (Interpretando a la gente), Anne Bogel dice: «Cada uno tiene una perspectiva única que afecta a todo lo que hacemos, y la forma de amar no es una excepción».[12]

---

12. Bogel, A.: *Reading People*. Baker Books, Grand Rapids, 2017, p. 74.

Tu verdadera identidad

La semana pasada me paré frente a un enorme expositor en una tienda de pinturas. Necesitaba un color verde y encontré opciones que iban desde el lima hasta el esmeralda. El ojo humano identifica hasta diez millones de tonos de color.[13] Que dos personas digan «soy introvertido» no significa que sean iguales. La introversión se expresa de infinitas maneras, incluida la tuya. Para escribir este libro he tenido que generalizar, así que no todo lo que digo en él podrá aplicarse a ti. Céntrate en lo que sí se aplica y utiliza el resto para entender a quienes son diferentes.

Independientemente de lo que hayas respondido en las herramientas de este capítulo, tu verdadera identidad va más allá de tus preferencias, procesos, patrones y relaciones personales. Has sido creado a imagen y semejanza de Dios. Eres amado tal y como eres. No tienes que demostrar nada. Como dice Chrystal Evans Hurst, «se te permite ser una obra maestra y una obra en construcción a la vez».[14]

---

13. Elert, G.: «Number of Colors Distinguishable by the Human Eye», *The Physics Factbook*, consultado el 2 de abril, 2020. Disponible en: https://hypertextbook. com/facts/2006/JenniferLeong.shtml
14. Evans Hurst, C.: *She's Still There: Rescuing the Girl in You.* Zondervan, Grand Rapids, 2017, p. 8.

3

LA SOLEDAD ESTRATÉGICA

Para una introvertida como yo, estar a solas durante cierto tiempo, corto o largo, me carga las pilas. En medio de un día ajetreado, me quedo en el coche durante unos minutos para disfrutar de un momento de descanso o silencio antes de entrar y lanzarme a lo que venga.

JOANNA GAINES

Aislamiento	Soledad estratégica
Conflicto	Conquista

«Donde vive el ermitaño, los árboles son delgados, pero están enmarañados sobre rocas gigantescas, formando trampas por todas partes, como si fueran palitos chinos. No hay senderos. Para casi todos, abrirse camino es un calvario de golpes y ramas, y al anochecer el lugar parece impenetrable. Es entonces cuando el ermitaño se mueve».[1]

Estas palabras parecen sacadas de las páginas de un libro antiguo, que también podría incluir trolls y unicornios. Pero son el comienzo de una historia real. Christopher Thomas Knight vivió solo en los bosques de Maine durante veintisiete años. En todo ese tiempo, la única inte-

---

1. Finkel, M.: *The Stranger in the Woods*. Knopf Doubleday, Nueva York, 2017, p. 3.

racción que tuvo con otro ser humano fue cuando se encontró con un excursionista y pronunció una palabra: «Hola».

Knight no estaba huyendo de las fuerzas de seguridad. No había sufrido una gran tragedia o un desamor que le hiciera retirarse del mundo. A los veinte años decidió que estaba harto de la sociedad humana. Condujo su coche hasta una zona remota, dejó las llaves en el contacto, se adentró en el bosque y desapareció durante casi tres décadas.

Pero el autor Michael Finkel explica que Knight se dio cuenta de «algo que casi todos los ermitaños de la historia han descubierto: no se puede vivir siempre solo».[2] Para sobrevivir, Knight recurrió a las provisiones de las casas de vacaciones cercanas y de un campamento. Las autoridades lo detuvieron en la cocina del campamento con un alijo de comida, que incluía paquetes de caramelos, cuñas de queso y paquetes de beicon.

Para entonces, el ermitaño ya se había convertido en una leyenda. Algunos no creían que existiera. Otros lo admiraban a pesar de sus hurtos. La mayoría simplemente se sentía intrigada. ¿Por qué abandonar todo contacto humano y vivir en solitario?

Si eres una persona introvertida, esta pregunta no parece descabellada. Todos hemos tenido momentos en los que hemos fantaseado con desaparecer en el bosque o, al menos, no salir de nuestra habitación. Sin embargo, los introvertidos también tememos ser capaces de hacer lo mismo que Knight. ¿Y si en lo más profundo de nuestro ser hay un ermitaño esperando para emerger?

Al leer la historia de Knight, experimenté emociones contradictorias: fascinación por su tenacidad y consternación por el hecho de que pasara gran parte de su existencia robando a los demás. Vivía el temor de muchos introvertidos: una vida centrada en sí mismo. Si bien es cierto que queremos (y necesitamos) tiempo para nosotros, los introvertidos también compartimos un intenso amor por la gente y queremos marcar la diferencia en el mundo. Prueba de ello es que preferimos agotarnos, sufrir depresión y ansiedad a arriesgarnos a sentirnos «egoístas» por querer pasar tiempo a solas.

---

2. Ibíd., p. 89.

Escucho este miedo en una de las preguntas que los introvertidos me hacen más a menudo: ¿cuánto tiempo a solas es suficiente (o demasiado)? Yo misma me lo he preguntado a lo largo de los años.

En primer lugar, tenemos que entender que no todo el tiempo que estamos solos es igual. Por ejemplo: cuando nos aislamos, tenemos una sensación de separación, de desconexión, de sentirnos solos. En cambio, cuando estamos a solas con nosotros mismos sentimos una conexión más profunda, y eso nos recarga las pilas. A menudo los introvertidos se sienten menos solos estando a solas que en una multitud. El aislamiento social nos genera un conflicto, saber estar a solas es una conquista.

El relato de la creación dice que Dios hizo el mundo en seis días: flamencos rosados y estrellas de mar anaranjadas, lilas y cerdos hormigueros, las profundidades del océano y las cimas de las montañas, un ser humano esculpido del polvo de la tierra. Cada día, Dios declaraba que su creación era buena. Aunque luego consideró que «no es bueno que el hombre esté solo».[3] Pero ¿qué significa realmente «solo» en este contexto?

El significado original no se refiere a la soledad *física*, sino a vivir separado y aislado.[4] No es bueno para nosotros, «la soledad puede ser perjudicial para la salud, ya que eleva los niveles de hormonas del estrés y acentúa la inflamación, con lo cual aumenta el riesgo de sufrir enfermedades cardíacas, artritis, diabetes tipo 2, demencia e incluso de intentos de suicidio».[5]

Pero antes de que te veas obligado a llenar tu agenda de compromisos sociales, piensa que «la mayoría de los individuos que se sienten solos están casados, viven con otras personas y no están clínicamente deprimidos».[6] El aislamiento social no tiene que ver con otras personas,

---

3. Génesis 2, 18.

4. «Badad», *Bible Hub*, consultado el 2 de abril, 2020. Disponible en: https://bible-hub.com/hebrew/909.htm

5. Brody, J. E.: «The Surprising Effects of Loneliness on Health», *New York Times*, 11 de diciembre, 2017. Disponible en: www.nytimes.com/2017/12/11/well/mind/how-loneliness-affects-our-health.html

6. Ibíd.

sino con nuestro mundo interior. Una persona introvertida que sólo tiene un amigo puede sentirse menos sola que una persona extrovertida que tiene mil conocidos.

Los introvertidos caminamos por una fina línea entre el aislamiento social y el estar a solas con nosotros mismos. Necesitamos pasar un tiempo a solas para funcionar. Pero también conocemos los riesgos de abusar de algo bueno. Me gustaría tener una fórmula que me permitiera saber cuánto tiempo necesito pasar a solas cada día. Pero es imposible, porque la respuesta es diferente para cada uno de nosotros.

Veamos más de cerca qué es estar a solas

«Los biólogos han descubierto que el deseo de estar a solas es parcialmente genético y, hasta cierto punto, medible. Si tus niveles de oxitocina (conocida popularmente como la hormona del abrazo) son bajos y los de vasopresina (que puede reprimir la necesidad de afecto) son altos, tiendes a necesitar menos relaciones interpersonales».[7]

El Dr. John Cacioppo, profesor de psicología y director del Centro de Neurociencia Cognitiva y Social de la Universidad de Chicago, estudió las respuestas sociales del cerebro durante casi treinta años. Cacioppo explica que aislarse socialmente «no significa *estar* literalmente solo, sino *sentirse* solo, una sensación subjetiva».[8] Según el doctor, funciona como cuando sentimos hambre o sed: el cerebro nos envía una señal indicando que hay una necesidad vital que no está satisfecha. «Cada uno hereda de sus padres un cierto nivel de necesidad de inclusión social (también denominado sensibilidad al dolor de la exclusión social), de la misma forma que hereda un cierto tipo de cuerpo y un nivel básico de inteligencia», escribe.[9]

Al tener este sistema interno de señales, no tenemos que decidir cuánto tiempo a solas necesitamos. Nuestro cerebro nos lo dice. Cuan-

7. Finkel, M., *op. cit.*, p. 69.
8. Cacioppo, J. T.: *Loneliness: Human Nature and the Need for Social Connection.* W. W. Norton & Company, Nueva York, 2009, p. 5.
9. Ibíd, p. 14.

do nos pasamos, nos resulta incómodo y doloroso, como el hambre o la sed. A veces este sistema no funciona, como en el caso de Christopher Knight, pero la gran mayoría tenemos un regulador social interno sano.

El sistema que nos incita a conectar con los demás también nos avisa cuando necesitamos estar a solas. Un artículo de Cindy Dampier en el *Chicago Tribune* utiliza la misma analogía del hambre y la sed: «Empieza a pensar en el tiempo a solas como si fuera una necesidad, como la comida o el agua».[10] Los introvertidos necesitamos estar a solas para recalibrar el cerebro y el sistema nervioso, procesar los pensamientos, tomar decisiones, establecer prioridades, recargar las pilas para socializar y reconectar con nuestro verdadero yo.

Este tiempo nos alimenta el alma, a diferencia de lo que los investigadores y psicólogos denominan «picoteo social» (que puede incluir las redes sociales, las conexiones superficiales y otras actividades tentadoras pero que no llenan el alma).[11]

En una sociedad extrovertida, cuestionamos lo que nos dice nuestro sistema de regulación social. Vemos que otros tienen el calendario a rebosar de compromisos sociales y pensamos que nosotros necesitamos lo mismo. Pero creo que Dios distribuye intencionadamente diferentes niveles de necesidad social para ayudarnos a cumplir su propósito para nuestra vida. Yo soy escritora, lo que me exige pasar largos períodos a solas. Un nivel relativamente bajo de necesidad social ya me satisface, mientras que alguien que dirige un gran equipo va a requerir niveles más altos. La distinción entre aislarnos socialmente y estar a solas no tiene que ver con si somos introvertidos o extrovertidos, sino con la *implicación*. Cuando nos aislamos socialmente, nos distanciamos de los demás (incluso en una multitud), de nosotros mismos y de Dios. Cuando estamos a solas, nos implicamos con los demás (aunque no haya nadie en la habitación), con nuestro verdadero yo y con lo divino.

---

10. Dampier, C.: «This Is Your Brain on Solitude: Why Alone Time Is What You Need, Now», *Chicago Tribune*, 27 de diciembre, 2018. Disponible en: www.chicagotribune.com/lifestyles/sc-fam-need-for-alone-time-1225-story.html

11. Ludden, D.: «Does Using Social Media Make You Lonely?», *Psychology Today*, 24 de enero, 2018. Disponible en: www.psychologytoday.com/us/blog/talking-apes/201801/does-using-social-media-make-you-lonely

El conflicto del aislamiento

Basándome en estudios sobre la soledad y la conexión, en los comentarios de miles de introvertidos, en mi formación como consejera y *coach* personal, y en mi experiencia personal, he creado un breve cuestionario sobre el aislamiento y la conexión social. No se trata de una evaluación psicológica formal, sino de una herramienta informativa para aprender.

Cuestionario sobre el aislamiento y la conexión social

Subraya o marca con una X las afirmaciones con las que te identifiques la mayor parte del tiempo.

☐ Tengo al menos una persona a la que podría recurrir si realmente la necesitara.

☐ En general, estoy satisfecho con la *cantidad* de relaciones que tengo.

☐ En general, estoy satisfecho con la *calidad* de las relaciones que tengo.

☐ Cuando realmente quiero hablar de algo que me importa, soy capaz de hacerlo.

☐ Siento que formo parte de una «familia». (No tiene por qué ser biológica, puede ser un grupo de amigos, una Iglesia, un lugar de trabajo, una organización, etc.).

☐ Disfruto cuando estoy a solas.

☐ Tengo la sensación de que conecto con algo más grande que yo, como Dios o una causa.

☐ Me dedico a un «trabajo» (un empleo, voluntariado, criar a mi familia) que es significativo para mí.

☐ Me siento solo en ocasiones, pero no constantemente.

☐ Me considero una persona que se preocupa por los demás.

☐ Sé cuándo he pasado demasiado tiempo con gente.

☐ Sé cuándo he pasado demasiado tiempo a solas.

Date un punto por cada X o frase subrayada y luego súmalos.

Del 1 al 4 significa que te estás aislando socialmente. Puede ocurrir en determinadas épocas, como cuando cuidamos de un recién nacido o nos mudamos a otra ciudad, y eso es normal. Si las circunstancias externas temporales no son la causa, y tu situación social te angustia, elige un punto de la lista en el que centrarte y un paso que puedas dar hoy.

Nota: Si no tienes ganas o energía para relacionarte, entonces puede que padezcas una enfermedad subyacente, como la depresión, especialmente si antes solías disfrutar de estar con gente. Considera la posibilidad de acudir a tu médico o a un terapeuta.

Del 5 al 8 significa que estás en un rango medio de conexión. Puedes estar con gente o solo, depende de lo que elijas en cada momento. Si estás satisfecho con tu nivel de conexión, sigue así. Si quieres aumentarlo, mira cada punto de la evaluación, elige uno en el que quieras centrarte y un paso que puedas dar hoy.

Del 9 al 12 indica que estás conectado de forma significativa con los demás y contigo mismo. Esto es poco frecuente y hay que celebrarlo. Resiste el impulso de compararte o imponerte expectativas poco realistas dictadas por la sociedad o las redes sociales. Sigue así.

La soledad ocasional no es preocupante; es una emoción humana universal que todos experimentamos. El libro de la sabiduría, Proverbios, nos dice: «Cada corazón conoce su propia amargura, y nadie más puede compartir totalmente su alegría».[12] Pero la soledad crónica puede ser tan peligrosa como fumarse quince cigarrillos al día.[13] ¿Cómo po-

---

12. Proverbios 14, 10.
13. Morin, A.: «Loneliness Is as Lethal as Smoking 15 Cigarettes Per Day. Here's What You Can Do About It», *Inc*, 18 de junio, 2018. Disponible en: www.inc.com/amy-morin/americas-loneliness-epidemic-is-more-lethal-than-smoking-he-res-what-you-can-do-to-combat-isolation.html

demos protegernos? La conexión verdadera, la que alimenta el alma, está enfocada a la calidad y *no* a la cantidad. Dios no nos dice cuánto tiempo debemos pasar con los demás, cuántas amistades debemos mantener o qué actividades sociales debemos realizar. En cambio, describe el amor de esta manera:

> El amor es paciente y bondadoso. El amor no es celoso ni fanfarrón ni orgulloso ni ofensivo. No exige que las cosas se hagan a su manera. No se irrita ni lleva un registro de las ofensas recibidas. No se alegra de la injusticia, sino que se alegra cuando la verdad triunfa. El amor nunca se da por vencido, jamás pierde la fe, siempre tiene esperanzas y se mantiene firme en toda circunstancia.[14]

Nadie vive perfectamente esta lista. Lo que quiero es que veamos que ser «una persona amorosa» no tiene que ver con la popularidad, sino con *cómo nos comportamos*. Tiene que ver con cómo tratamos a cada persona que nos encontramos en nuestro camino. Cuando un experto en la ley le preguntó a Jesús qué significaba amar al prójimo, éste le respondió con la parábola del buen samaritano, una historia sencilla sobre una persona que ayuda a otra.

A veces me imagino un sistema que funciona según el siguiente principio: cuanta más gente haya en mi vida, más amorosa seré. He oído a otros introvertidos expresar algo parecido. Pero el amor no tiene que ver con el número de personas que tenemos en nuestra vida, los «me gusta» que recibimos en Internet, los invitados que vienen a nuestra boda (o a nuestro funeral) o los contactos en nuestro teléfono. Nuestras agendas sociales no sirven para medir nuestra espiritualidad. Si quieres crecer en el amor, no midas nada. Establece una conexión, ten una conversación, sé amable con una persona, algo que los introvertidos hacen bien por naturaleza.

Cuando me encuentro con introvertidos que se sienten solos, a menudo es por el mismo motivo: fingen ser extrovertidos. Sí, actuar como un extrovertido significa exponerse más, pasar más tiempo con gente, incluso entablar conversaciones triviales. Pero sentir que no puedes ser

---

14. 1 Corintios 13, 4-7.

tú mismo es muy solitario, independientemente de con cuántas personas estés.

Según la investigadora y escritora Brené Brown:

> Formar parte de algo que es más grande que nosotros es un deseo humano innato. Al ser tan primario, a menudo intentamos adquirirlo encajando y buscando aprobación, que no sólo son sustitutos vacíos de la pertenencia, sino que a menudo también la obstaculizan. Porque la verdadera pertenencia sólo se produce cuando presentamos al mundo nuestro auténtico e imperfecto yo. Nuestro sentido de pertenencia nunca puede ser mayor que nuestro nivel de autoaceptación.[15]

Creo que lo que más necesitan los introvertidos no es un conjunto de habilidades, sino un cambio de mentalidad. Es la valentía de decidir que está bien ser como Dios nos ha creado. Es la valentía de ver que, para nosotros, «amar» es diferente. Es el paso audaz de mostrarnos tal como somos, con vulnerabilidad y sin disculparnos. En mi libro *Fiercehearted* (Corazón feroz), escribo: «Jesús dijo que todos debemos negarnos a nosotros mismos, y quizás esto es parte de lo que quería decir: que, en algún momento de nuestras vidas, debemos renunciar a intentar convertirnos en alguien que Él nunca quiso que fuéramos».[16]

La conquista de la soledad estratégica

Una vez participé en un estudio sobre los ritmos espirituales con un grupo de personas. A veces me sentía entre ellos como la oveja negra. Cuando me preguntaron sobre el ayuno, recuerdo que hice un discurso sobre el azúcar en sangre y por qué necesitaba comer pastel. Pero una

---

15. Brown, B.: *The Gifts of Imperfection: Let Go of Who You Think You're Supposed to Be and Embrace Who You Are.* Hazelden Publishing, Center City, Minnesota, 2010, p. 26.
16. Gerth, H.: *Fiercehearted: Live Fully, Love Bravely.* Revell, Grand Rapids, 2017, p. 32.

semana, para mi gran sorpresa y asombro, me convertí en la alumna estrella.

Habíamos llegado al ritmo espiritual que más esperaba: la soledad. Yo puedo soportar estar a solas, y supuse que los otros miembros de mi grupo también podían. Pero todos aquellos sabios y amables extrovertidos se acobardaron ante el silencio de la misma manera que yo lo había hecho ante el ayuno. Uno preguntó: «¿Y si esta semana probamos estar dos minutos en silencio cada día?».

Entonces alguien me preguntó: «¿Cuánto tiempo podrías permanecer en silencio?». Me lo pensé un momento y respondí: «¡Días!», mientras me daba vértigo la idea. Me miraron como se mira a un animal intrigante y entrañable en el zoo, esos que te gustan pero tienen un comportamiento un poco salvaje y misterioso.

Estar a solas significa simplemente elegir estar solo con un propósito mayor. Es algo que todos (introvertidos y extrovertidos) necesitamos en cierta medida. Pero a los introvertidos les resulta más fácil. Estar a solas puede incluir:

- Recargar las pilas tras pasar un tiempo con gente.
- Conectar con Dios.
- Hacer actividades centradas en crecer, como leer.
- Descansar (un acto sagrado en el agotado mundo actual).
- Procesar información para poder responder en lugar de reaccionar.
- Hacer alguna actividad creativa, como escribir, cocinar o pintar.
- Pasar tiempo en la naturaleza.
- Hacer ejercicio solo, como dar un paseo a pie o en bicicleta.

Si no estás seguro de si te aíslas socialmente por estar a solas en determinados momentos, hazte estas tres preguntas:

- ¿Elijo pasar este tiempo a solas?
- ¿Este tiempo a solas me ayuda a recuperar la energía?
- ¿Sigo sintiéndome conectado/comprometido con alguien o algo (yo mismo, Dios, el trabajo, el hogar, la naturaleza, un libro)?

Si has respondido afirmativamente a estas preguntas, no te estás aislando.

La psicoterapeuta y autora de superventas Amy Morin estudió científicamente los beneficios de estar a solas. Descubrió que aumenta la productividad, despierta la creatividad, fortalece la mente, ofrece la oportunidad de planificar la vida, ayuda a conocerse mejor y aumenta la empatía.[17]

Es tentador creer que el tiempo a solas es un lujo, pero lo cierto es que es una necesidad. Si no tienes batería en el teléfono, puedes no cargarlo y, aun así, llevarlo. Tendrás el teléfono, pero no funcionará. Lo mismo le sucede a una persona introvertida sin tiempo para sí misma. Está ahí, pero no es capaz de ofrecer lo mejor de ella.

El tiempo a solas que se elige, que restaura y ofrece un sentido de conexión o compromiso es esencial para nuestro bienestar. Sí, podemos funcionar temporalmente si lo eliminamos de nuestra vida. Pero, con el tiempo, el cuerpo nos fuerza a estar a solas a través de la enfermedad, la depresión o el agotamiento. Y los más ocupados necesitan pasar más tiempo a solas para estar sanos emocional, física, social y espiritualmente.

Estar a solas te hace más fuerte de 12 maneras:

1) Te permite vivir de forma proactiva en lugar de reactiva.
2) Te ayuda a tomar decisiones pensadas en lugar de impulsivas.
3) Aumenta tu creatividad y el número de soluciones que aportas.
4) Disminuye el riesgo de padecer ansiedad, depresión y enfermedades relacionadas con el estrés.
5) Aumenta tu comprensión y tu capacidad de empatizar.

---

17. Morin, A.: «7 Science-Backed Reasons You Should Spend More Time Alone», *Forbes*, 5 de agosto, 2017. Disponible en: www.forbes.com/sites/amymorin/2017/08/05/7-science-backed-reasons-you-should-spend-more-time-alone/#23bd7631b7ee

6) Profundiza tu vida espiritual.

7) Te recuerda quién eres realmente para que puedas ofrecer lo mejor de ti mismo.

8) Hace que te centres en lo que de verdad importa, en lugar de en las molestias y preocupaciones.

9) Mejora tu memoria y te ayuda a aprender de tus experiencias.

10) Aumenta tu productividad y tu capacidad para alcanzar objetivos a largo plazo.

11) Te llena para que estés rebosante, no abrumado.

12) Te protege del agotamiento para que prosperes durante toda la vida.

Todos necesitamos dos tipos de tiempo a solas: el programado y el sostenible. Para el primero, sólo tienes que elegir un espacio de tiempo cada día en el que puedas estar a solas (diez minutos bastan para empezar a marcar la diferencia). Después de una semana, pregúntate: «¿Es suficiente este tiempo diario o intento añadir más? ¿El momento, el lugar y la manera de tomarme este tiempo me han funcionado o pruebo otra cosa?». Sigue ajustándolos hasta que encuentres lo que se adapta a ti y a tu fase de vida. El tiempo mínimo recomendable son diez minutos; no hay un tiempo máximo.

El tiempo a solas sostenible es un aprendizaje para toda la vida y es lo que más deseo que consigan los introvertidos. Es darte permiso para elegir estar a solas siempre que lo necesites. No se trata de algo puntual, sino de aceptar quién eres. Es decirte a ti mismo que está bien irte a casa cuando quieras en Nochebuena. Es salir de una reunión para despejar la cabeza y volver a centrarte. Es respetar el espacio que necesitas antes de acceder a una petición o comprometerte. Es aprender a escuchar la voz interior que dice: «Ya he tenido suficiente».

Escoge la soledad estratégica

Un día de 1955, Emma Gatewood se puso las zapatillas para salir a caminar y sólo paró más de 3 000 kilómetros después. A los 67 años, esta madre de 11 hijos y abuela de 23 nietos se convirtió en la primera mujer en recorrer sola todo el Sendero de los Apalaches. Llevaba únicamente una mochila casera y su fuerte determinación, adquirida tras soportar tres décadas de malos tratos y escapar de ellos.

La periodista Diana Reese explica que Emma «llevaba una manta y una cortina de ducha de plástico para protegerse de los elementos, pero no se molestó en llevar un saco de dormir, una tienda de campaña, una brújula o incluso un mapa, sino que confió en la hospitalidad de los extraños a lo largo del camino y en su propio ingenio. Dormía en el columpio de un porche, bajo una mesa de pícnic o en un lecho de hojas cuando era necesario, y comía salchichas de Viena enlatadas, pasas y cacahuetes, además de verduras que encontraba en el camino y comida que le ofrecían desconocidos».[18]

Sola y libre por primera vez en su vida, Emma gastó seis pares de zapatillas. Más tarde dijo: «Nunca habría emprendido este viaje si hubiera sabido lo duro que era, pero no pude ni quise dejarlo».[19]

La diferencia entre Christopher Knight y Emma Gatewood se reduce a esto: Christopher se fue. Emma fue.

La diferencia entre aislarse y estar a solas se reduce a esto: Aislarse es irse. Estar a solas es ir.

Emma fue hacia la fuerza, la sanación, la libertad, su verdadero yo y un sueño. La transformación que se produjo en ese viaje perduró. En 1957 se convirtió en la primera persona, hombre o mujer, en recorrer el Sendero de los Apalaches dos veces. Cuando regresó, ayudó a crear el sendero Buckeye, cerca de su casa (Ohio), que ahora tiene 2 324 kilómetros y una sección que lleva su nombre. La caminata de una mujer sola se convirtió en más de lo que ella hubiera podido imaginar.

Elijamos valientemente estar a solas.

Ayudemos a otros a hacer lo mismo.

---

18. Reese, D.: «Grandma Gatewood Survived Domestic Violence to Survive the Appalachian Trail Alone at 67», *Washington Post*, 5 de enero, 2015. Disponible en: www.washingtonpost.com/blogs/she-the-people/wp/2015/01/05/grandma-gatewood-survived-domestic-violence-to-walk-the-appalachian-trail-alone-at-67/

19. Ibíd.

4

LA CONEXIÓN SIGNIFICATIVA

No hace falta que te quiera todo el mundo, basta con unas cuantas personas. La introvertida Charity Barnum a su extrovertido marido

en *EL GRAN SHOWMAN*

Momentos incómodos	Conexión significativa
Conflicto	Conquista

«Siembre hay escándalos. La cuestión es cómo responden las democracias a esos escándalos», dice el profesor Robert E. Kelly antes de que se produzca la invasión.[1]

Una intrusa con cola de cerdo y un jersey amarillo chillón abre la puerta. Marion, la hija de cuatro años del profesor, baila hasta el escritorio de su padre y se asoma a la pantalla del ordenador, a través de la cual él está dando una entrevista en directo a la BBC. El profesor extiende un brazo a modo de barrera.

---

1. BBC News: «Children Interrupt BBC News Interview», 10 de marzo, 2017. Disponible en: www.youtube.com/watch?v=Mh4f9AYRCZY

Marion se acomoda alegremente para merendar lo que parece ser un palito de queso. James (el hermano pequeño de Marion) entra por la puerta en un andador.

Como gran final, la madre de los niños irrumpe precipitadamente en la habitación, los coge a los dos y, a pesar de un impresionante despliegue de resistencia infantil, sale.

Una vez concluida la entrevista, Kelly se reúne con su mujer en el pasillo. Reflexionando sobre ese momento, más tarde dijo: «Ambos asumimos que era el final de mi carrera como tertuliano. Pensé que la había pifiado delante de todo el mundo».[2]

Pero Kelly y su incómodo momento hicieron las delicias de los espectadores. El vídeo se hizo viral: «Durante dos semanas fuimos la familia más famosa del mundo», dijo Kelly. La gente se preocupó más por un pequeño escándalo familiar que por un gran escándalo político. La Dra. Kimberly Moffitt (experta canadiense en relaciones de pareja) le dijo a Kelly: «Todos nos identificamos contigo. ¡A mí me pasó algo parecido!».[3]

Los momentos incómodos surgieron a menudo en la encuesta que realicé en mi página web. Pero ¿la incomodidad es tan terrible como parece? ¿O, como le ocurrió a Kelly, hace que la gente se identifique más con nosotros?

Veamos más de cerca la conexión

Hace unos años, me propuse hacer turismo en mi ciudad natal. Me enteré de que hacían un evento en mi tetería favorita y, ni corta ni perezosa, me apunté.

---

2. Usborne, S.: «The Expert Whose Children Gatecrashed His TV Interview: "I Thought I'd Blown It in Front of the Whole World"», *The Guardian*, 20 de diciembre, 2017. Disponible en: www.theguardian.com/media/2017/dec/20/robert-kelly-south-korea-bbc-kids-gatecrash-viral-storm

3. Chappell, B.: «Overtaken by Events: Kids Burst onto Scene of Live BBC TV Interview», *NPR.org*, 10 de marzo, 2017. Disponible en: www.npr.org/sections/thetwo-way/2017/03/10/519641281/overtaken-by-events-kids-burst-onto-scene-of-live-bbc-tv-interview

Llega el día. «No será tan malo», me digo. No sé a quién quiero convencer…

Cuando entro por la puerta, una mujer que llevaba una etiqueta con su nombre y una carpeta me dice:

—Mmm, ¿bienvenida?

Me había colado en un evento de un grupo de emprendedores. Veo apretones de manos y oigo: «Me alegro de volver a verte» y «¿Cómo va ese proyecto?».

Llega otra mujer nerviosa. «Ah, otra como yo», pienso. Me mira y dice:

—Es la primera vez que vengo.

Dejo que todo salga a la luz.

—Yo también. No conozco a nadie. Me siento muy incómoda –digo.

Segundos después, está charlando con varias personas. Quería decir que era la primera vez *que iba a esa tetería*.

He invitado a una amiga, pero llega tarde. Cuando por fin llega, estoy escondida en el baño y le cuesta convencerme de que salga. Encontramos una mesa tranquila en un rincón, y me dice:

—Esto de hacer de turista local te traerá muchos momentos incómodos.

Levanto la taza de té y brindo por la incomodidad.

Nos sentimos incómodos porque la gente nos importa. Según Daniel Goleman (periodista científico y autor de superventas), «el descubrimiento más importante de la neurociencia es que nuestro sistema neuronal está programado para conectar con los demás, ya que el diseño del cerebro nos torna sociables y establece inexorablemente un vínculo con las personas con las que nos relacionamos».[4]

El sudor, el tartamudeo, el rubor u otros signos de nerviosismo social pueden hacer que los demás nos vean como más dignos de confianza y agradables. Mark Leary (profesor de psicología y director del Centro Interdisciplinario de Investigación del Comportamiento de la Universidad de Duke) explica que este tipo de reacciones son «necesa-

---

4. Goleman, D.: *Inteligencia social: la nueva ciencia de las relaciones humanas.* Kairós, Barcelona, 2006.

rias para indicar que me importa lo que piensas de mí». Sobre las personas que nunca expresan este tipo de reacciones, dice: «No se puede confiar en ellas. No son sensibles a lo que piensan los demás».[5]

La psicóloga Barbara Markway está de acuerdo con esta perspectiva de la incomodidad. «Pensamos que la gente nos va a rechazar, pero nos hace ser entrañables», afirma.[6]

Los demás también se sienten nerviosos e inseguros. Cuando nuestro malestar se manifiesta, estamos expresando dos cosas: «Me importas» y «No eres el único». Cuando aceptamos nuestra humanidad, les damos permiso a los que nos rodean para que hagan lo mismo.

A los introvertidos se nos puede trabar la lengua en situaciones sociales a causa de nuestras complejas vías neuronales. No pensamos lento: pensamos profundamente. Cuando no nos salen las palabras, la autocrítica no ayuda. Aumenta el miedo, y nuestro cerebro activa una especie de freno de emergencia. Entonces, no podemos pensar en nada. No pasa nada si necesitamos tiempo para procesar las cosas. Si alguien quiere una respuesta, haz otra pregunta o di: «Lo que has dicho me importa, así que quiero pensarlo».

Los introvertidos respondemos más lentamente porque estamos escuchando en lugar de pensar en lo que queremos decir (una tentación para los extrovertidos). Dale Carnegie, autor de *Cómo ganar amigos e influir sobre las personas*, un superventas desde hace casi cien años, dice: «Puedes hacer más amigos en dos meses si te interesas de verdad por otras personas que en dos años intentando que otras personas se interesen por ti».[7]

Sí, las personas más habladoras atraen la atención, pero los oyentes atentos generan confianza, simpatía y construyen relaciones sólidas. En el último episodio de su emblemático programa, la introvertida Oprah Winfrey dijo: «He hablado con casi 30 000 personas en este programa, y todas tenían una cosa en común: querían que las aceptaran... Quie-

5. Pawlowski, A.: «Feel Red Cheeks Coming On? 9 Ways to Overcome Blushing», *Today*, 22 de septiembre, 2016. Disponible en: www.today.com/health/feel-red-cheeks-coming-9-ways-overcome-blushing-t103164

6. Ibíd.

7. Carnegie, D.: *Cómo ganar amigos e influir sobre las personas*. Edhasa, Madrid, 2005.

ren saber: "¿Me ves? ¿Me oyes? ¿Lo que digo significa algo para ti?"».[8] Oprah no se hizo famosa por hablar, sino por escuchar.

En un extraño giro biológico, la incomodidad también está relacionada con una experiencia más atractiva: el entusiasmo. Alison Wood Brooks (profesora de la Escuela de Negocios de Harvard) estudió las similitudes entre la ansiedad y el entusiasmo. Con ambos activamos la respuesta de huir o luchar: los latidos se aceleran, el cuerpo libera cortisol y se prepara para la acción. Además, ambos pueden provocar rubor, sudoración o incluso temblores.[9]

El rendimiento y la confianza aumentan cuando vemos la reacción de nuestro cuerpo no como miedo, sino como anticipación o compromiso. La periodista Olga Khazan afirma que «la única diferencia es que el entusiasmo es una emoción positiva, que se centra en lo que podría salir bien».[10] ¿Parece forzado decirnos que estamos entusiasmados cuando, en realidad, estamos nerviosos? Sí, pero las investigaciones demuestran que, de todos modos, ayuda.

El conflicto de los momentos incómodos

Si la incomodidad es universal y es poco probable que perjudique nuestras relaciones o a nosotros mismos, ¿por qué nos genera un conflicto? Imagina que eres un espía en el jardín del Edén el día en que Adán y Eva comen el fruto prohibido.

---

8. Nuwer, R.: «Are Introverts the Best Listeners?», *Audible Range*, 13 de diciembre, 2016. Disponible en: www.audible.com/blog/arts-culture/are-introverts-the-best-listeners/

9. Khazan, O.: «Can Three Words Turn Anxiety into Success?», *The Atlantic*, 3 de marzo, 2016. Disponible en: www.theatlantic.com/health/archive/2016/03/can-three-words-turn-anxiety-into-success/474909/

10. Ibíd.

El hombre y su esposa oyeron al Señor Dios caminando por el huerto. Así que se escondieron del SEÑOR Dios entre los árboles. Entonces, el Señor Dios llamó al hombre:

—¿Dónde estás?

El hombre contestó:

—Te oí caminando por el huerto, así que me escondí. Tuve miedo porque estaba desnudo.

—¿Quién te dijo que estabas desnudo? –le preguntó el Señor Dios–. ¿Acaso has comido del fruto del árbol que te ordené que no comieras?[11]

Hemos visto esta historia representada en hermosas obras de arte. Pero, seamos realistas, es como ir a la escuela dominical y olvidarse de ponerse los pantalones. Aunque peor, mucho peor. ¿Qué hacen Adán y Eva ante su sentimiento de incomodidad? Se esconden. Y la humanidad lleva haciendo lo mismo desde entonces.

Nos escondemos porque somos imperfectos, vulnerables y tenemos miedo. Aunque no nos escondamos detrás de un arbusto, aprendemos a encubrir nuestros sentimientos, nuestros deseos y nuestro verdadero yo.

Esconderse no es lo mismo que tomarse un tiempo a solas. ¿Cómo podemos distinguirlos? Esconderse viene de la *vergüenza*. Sentimos que no encajamos. Tenemos miedo al rechazo. Nos agota nuestra falta de confianza y estar desconectados de Dios y de quienes nos rodean. Todos nos escondemos.

Pero todos queremos que nos encuentren. Así que publicamos fotos perfectas en Instagram. Nos trabajamos la multitud. Creamos una imagen. Creamos una audiencia en lugar de relaciones. Evitamos todo lo incómodo.

A pesar de todas las dificultades que comporta, lo cierto es que me estoy enamorando de la incomodidad. Es donde descubrimos qué amigo se ríe tan fuerte que gruñe. Descubrimos lo hermoso que puede ser un llanto feo. Recordamos que no somos Dios, y eso es algo bueno. Es donde aprendemos a creer que somos amados por lo que somos, no por lo que a veces desearíamos ser.

---

11. Génesis 3, 8-11.

La conquista de la conexión significativa

Las personas que más me impresionan no son las que están en los escenarios o tienen más «me gusta», sino las que aparecen y dicen: «Aquí estoy. Aquí estás. Vamos a descubrir cómo amarnos». Eso es algo valiente, feroz, que cambia el mundo.

Según un estudio de la Universidad Duke, una cuarta parte de los estadounidenses no tienen a nadie en quien confiar (incluidos los cónyuges y familiares). La mayoría tiene a dos personas o menos.[12] Si tienes aunque sea sólo una relación cercana en tu vida, significa que lo estás haciendo bien.

Esta mañana he recibido una nota de un extrovertido que decía algo así: «Tengo muchas relaciones superficiales, pero quiero establecer relaciones más profundas con algunas personas». El 25 % de los que respondieron a mi encuesta eran extrovertidos. ¿Su reto más común? La soledad.

El periodista Alex Williams escribió un artículo para el *New York Times* titulado «¿Por qué es difícil hacer amigos a partir de los 30?»,[13] en el que explica que, una vez que salimos de la escuela, un entorno en el que nos juntamos con nuestros compañeros, establecer vínculos requiere más esfuerzo. Las responsabilidades de la vida, como cuidar a los hijos y trabajar muchas horas, complican la amistad. Y, a diferencia de los niños que juegan en el parque, queremos pasar tiempo con personas con las que tenemos afinidad, no sólo con las que están cerca.

El psicólogo de la Universidad de Oxford Robin Dunbar también descubrió que el número de relaciones estrechas que podemos mantener es limitado. La mayoría consigue tener como mucho cinco, inclu-

12. Vendantam, S.: «Social Isolation Growing in US, Study Says», *Washington Post*, 23 de junio, 2006. Disponible en: www.washingtonpost.com/wp-dyn/content/article/2006/06/22/AR2006062201763.html

13. Williams, A.: «Why Is It Hard to Make Friends Over 30», *New York Times*, 15 de julio, 2012. Disponible en: www.nytimes.com/2012/07/15/fashion/the-challenge-of-making-friends-as-an-adult.html

yendo pareja, familia y amigos.[14] Según Kelly Campbell (profesora asociada de la Universidad Estatal de California en San Bernardino), que estudia las relaciones interpersonales, «la calidad de tus relaciones suele importar mucho más que la cantidad. Una persona puede decir que tiene un solo amigo o familiar cercano y ser tan feliz como alguien que dice tener cinco».[15] Esto es aún más cierto a medida que envejecemos.

Puede que los introvertidos no tengamos una gran red de conocidos, pero somos excelentes estableciendo relaciones significativas individuales.

Qué aportan los introvertidos a las relaciones

Durante un congreso, entro en una sala abarrotada con una amiga. La gente charla alrededor de mesas altas llenas de bebidas y aperitivos. Le digo:

—Recuerda nuestro plan.

Ella se ríe y asiente mientras nos adentramos en el ruido.

Siempre que me encuentro en una situación que requiere mucha socialización, intento llevarme a un «extrovertido designado». Alguien que sea mejor que yo para las presentaciones, las charlas triviales y para mantener conversaciones. Ellos se divierten y yo no me escondo tanto en el baño. Ambos ganamos.

Pero durante mucho tiempo no me di cuenta de que mis amigos más extrovertidos también necesitan a un «introvertido designado». Lo descubrí al encontrarme, inesperadamente, en situaciones que sólo se salvaban gracias a mi capacidad de escuchar, responder de forma reflexiva y ser una presencia tranquila. Nuestro mundo a menudo se parece a la hora del cóctel de un congreso. La conversación nunca se detiene. La comunicación va en aumento. Como introvertidos, podemos tener la tentación de retraernos, tratar de cambiar lo que somos o

---

14. Lebowitz, S.: «There's a Limit to How Many Close Friends You Can Realistically Have at Once», *Business Insider*, 10 de marzo, 2018. Disponible en: www.businessinsider.com/friends-limited-number-of-close-relationships-2018-3
15. Ibíd.

conformarnos con una conversación trivial. Pero tanto los introvertidos como los extrovertidos quieren algo más que conexiones superficiales.

Los introvertidos somos naturalmente más observadores y estamos más en sintonía con lo que ocurre a nuestro alrededor. Esto se debe a nuestra gran sensibilidad a los estímulos externos, como ya hemos comentado. Un introvertido es más propenso a notar la mirada estresada de un amigo o la pila de papeles que hay sobre la mesa de un compañero de trabajo. Eso a menudo nos lleva a hacer preguntas.

Cuando alguien responde, los introvertidos escuchan. El neurotransmisor que preferimos (la acetilcolina) nos recompensa por ir más despacio y concentrarnos. Escuchar puede ser un reto para los extrovertidos, porque es una actividad que no libera mucha dopamina (el neurotransmisor que les hace sentir mejor).

Cuando los introvertidos respondemos, lo hacemos de forma reflexiva. Utilizamos la vía cerebral más larga y compleja, lo que significa que reflexionamos y nos preocupamos por elegir cuidadosamente lo que decimos o hacemos. La vía cerebral más corta que utilizan los extrovertidos es útil para tomar decisiones rápidas. Pero, en muchas situaciones, lo que se necesita no es una solución instantánea, sino más bien ideas y apoyo.

También es probable que recurras a un introvertido cuando necesites ayuda regularmente, ya sea personal o práctica. Por supuesto, los extrovertidos también pueden ser leales, pero se distraen más fácilmente con el conocido o la aventura que vendrán a continuación, porque les hacen segregar dopamina. Nosotros estamos programados para carreras de fondo, no de velocidad.

Los introvertidos tenemos en común algunos puntos fuertes que nos ayudan a relacionarnos, y todos tenemos alguno en particular que se nos da especialmente bien.

Cualidades relacionales

Como introvertido, ¿qué cualidades aportas a tus relaciones? Subraya o redondea al menos tres palabras.

Amor	Cuidado	Observación
Ánimo	Dedicación	Pensamiento
Apoyo	Devoción	Perspicacia
Atención	Empatía	Profundidad
Ayuda	Estabilidad	Sabiduría
Bondad	Fiabilidad	Sensibilidad
Calidez	Gentileza	Sinceridad
Calma	Gracia	
Compasión	Humildad	Añade otras:
Comprensión	Independencia	....
Confianza	Ingenio	....
Consideración	Intencionalidad	....
Corazón servicial	Lealtad	....

Una advertencia: Reciprocidad, no unilateralidad

Antes de comprender mis puntos fuertes como introvertida, pensaba que los demás tenían más que ofrecer. No podía contar una historia que hiciera reír a un grupo o ser la anfitriona de un gran evento, pero podía tratar de satisfacer las necesidades de todos. Sentía que no merecía afecto por ser como era, así que me esforzaba por ganármelo.

¿Te suena esto? Podemos acabar en una relación unilateral porque escuchamos, ayudamos con facilidad y a veces nos cuesta defendernos. Pero una relación en la que una persona siempre da y la otra sólo recibe no es saludable ni sostenible. Estamos hechos para las relaciones recíprocas.

(Compilado del Nuevo Testamento)

Le pregunté a Matt Newman (un pastor comunitario introvertido) cómo llevaba su trabajo, dedicado a atender a las personas, y me respondió: «Conozco muy bien mis límites. Soy consciente de que puedo quemarme, por lo que he aprendido a respetar mis límites y a elaborar estrategias para cuidarme».[16]

Mi madre decía que, si no puedes ser un ejemplo, sé una advertencia. Permíteme que sea tu advertencia: no te apresures a buscar el amor como hice yo.

Escoge la conexión significativa

Intentar ser extrovertido, retraerse o aguantar relaciones unilaterales pueden ser formas con las que intentamos minimizar nuestro miedo al rechazo. Pero, cuando nos relacionamos, el miedo es inevitable. A menudo me preguntan: «¿Cómo puedo conectar con la gente?». Pero lo que realmente preguntan es: «¿Cómo puedo conectar sin riesgos, incomodidades y protegiéndome del rechazo?». La respuesta sincera es: no puedes. No se puede evitar la decepción, el miedo y las molestias de la verdadera conexión. Aunque parece más seguro quedarse a cierta distancia, es un riesgo mayor. Como escribe el introvertido C. S. Lewis,

> Amar, de cualquier manera, es ser vulnerable. Basta con que amemos algo para que nuestro corazón, con seguridad, se retuerza y, posiblemente, se rompa. Si uno quiere estar seguro de mantenerlo intacto, no debe dar su corazón a nadie, ni siquiera a un animal. Hay que rodearlo cuidadosamente de caprichos y de pequeños lujos; evitar todo compromiso; guardarlo a buen recaudo bajo llave en el cofre o en el ataúd de nuestro egoísmo. Pero en ese cofre —seguro, oscuro, inmóvil, sin aire— cambiará. No se romperá; se volverá irrompible, impenetrable, irredimible.[17]

---

16. Newman, M.: Correo electrónico a la autora, 13 de septiembre, 2019. Utilizado con su permiso.
17. Lewis, C. S.: *Los cuatro amores*. Traducción de Pedro Antonio Urbina. Rayo, Nueva York, 2006, p. 135.

Extiende la invitación, envía el texto, inicia la conversación. La comunidad no nos la encontramos hecha: la creamos persona a persona. Los introvertidos amamos de formas que se necesitan más que nunca.

El miedo puede tentarnos a escondernos, pero nunca es demasiado tarde para aparecer. La inseguridad puede evidenciar nuestras imperfecciones, no obstante, la gracia nos invita a presentarnos tal como somos. La vergüenza puede decirnos que nos esforcemos más, pero nuestro valor es una virtud que no tenemos que ganarnos.

Liberémonos de todas las expectativas que nos hemos impuesto sobre cómo «deberíamos» relacionarnos. Olvidemos por fin a los chicos populares del instituto, quizá los más solitarios de la clase. Resistamos la tentación de medir por la cantidad y aceptemos la virtud de la calidad.

Robert E. Kelly dijo recientemente en las redes sociales: «Ya hace tiempo de mi última publicación como papá de la BBC, así que ahí van unas bonitas fotos de las vacaciones. (Fijaos en el divertido pijama del Grinch). Feliz Año Nuevo».[18] Los niños que se colaron en su entrevista aparecen con él en varios lugares: bien abrigados en un parque, leyendo un libro antes de acostarse, posando junto a un abominable hombre de las nieves. Los titulares y los momentos incómodos pasan; lo que perdura es la relación con las personas que queremos.

---

18. Kelly, R. E.: «It's been a while since my last BBC Dad post», *Twitter*, 2 de enero, 2020. Disponible en: https://twitter.com/Robert_E_Kelly/status/1212778546713780226

5

LA INFLUENCIA GENUINA

Si eres una persona introvertida, es probable que hayas intentado influir en los demás imitando a tus colegas más extrovertidos. En mi opinión, ese enfoque no funciona: es agotador, insostenible y, en última instancia, ineficaz. Al contrario de lo que dicen la mayoría de los libros sobre la influencia, la respuesta no es convertirte en el extrovertido que no eres. Sin embargo, creo que te convertirás en un influenciador más eficaz si dejas de intentar actuar como un extrovertido y aprovechas al máximo tus puntos fuertes naturales y tranquilos.

JENNIFER KAHNWEILER

Sentirse invisible	Influencia genuina
Conflicto	Conquista

«Una gélida noche de marzo de 2010, cien expertos en marketing se amontonaron en el restaurante Sea Horse de Helsinki con el modesto objetivo de convertir un país remoto y mediano en un destino turístico conocido en el mundo entero. El problema era que Finlandia tenía fama de ser un país más bien tranquilo», escribe el periodista Daniel A. Gross.[1]

---

1. Gross, D. A.: «This Is Your Brain on Silence», *Nautilus*, 7 de julio, 2016. Disponible en: http://nautil.us/issue/38/noise/this-is-your-brain-on-silence-rp

A Finlandia se lo conoce como «el país de los introvertidos». ¿Y cuál sería la estrategia de marketing obvia para llamar la atención del mundo? Subir el volumen, añadir más acción y emoción. Pero la delegación fue en otra dirección. Llegaron a la conclusión de que la afinidad de Finlandia con la paz y la tranquilidad era una parte fundamental de su atractivo. La vida es ruidosa y ajetreada. «El silencio es un recurso», dice el informe.

«La gente paga [por sentir el silencio]. En un mundo ruidoso, el silencio vende. Los auriculares con cancelación de ruido cuestan cientos de dólares; algunos cursos de meditación silenciosa de una semana pueden valer miles de dólares. Finlandia vio que era posible, literalmente, hacer algo de la nada».[2]

Finlandia podría haber dicho: «Nos sentimos invisibles como país. Tenemos que cambiar lo que somos y hacer más ruido». En cambio, dijeron: «El mundo tiene mucho ruido. Nosotros tenemos algo diferente y valioso que ofrecer». ¿Y el resultado? El turismo creció. Los ciudadanos prosperaron. El Informe Mundial de la Felicidad acaba de publicar su lista anual y Finlandia ocupa el primer puesto como país más feliz del mundo. Otra vez.[3]

En una sociedad que nos dice que hablar alto es la única manera de que nos escuchen y que la visibilidad da valor, ha llegado el momento de adoptar otra estrategia: pensar como Finlandia.

Veamos más de cerca la influencia

La verdadera influencia no consiste en llamar la atención, sino en establecer una conexión. El psicólogo Daniel Goleman dice en su libro *Inteligencia social*: «Incluso los encuentros más rutinarios actúan como reguladores cerebrales que prefiguran, en un sentido tanto positivo como negativo, nuestra respuesta emocional. Cuanto mayor es el vínculo emocional que nos une a alguien, mayor es también el efecto de su impacto».[4]

2. Ibíd.
3. Sustainable Development Solutions Network. *Word Happiness Report*. Disponible en: https://worldhappiness.report/ed/2021/
4. Goleman, D.: *Inteligencia social: la nueva ciencia de las relaciones humanas*. Kairós, Barcelona, 2006.

Piensa en las personas que más te influyen. Es más probable que respondas «mamá» o «mi profesor» que «el premio Nobel» o «el director general». Sí, los que están en el candelero reciben más atención, pero eso no quiere decir que ejerzan una influencia significativa.

El cariño es más importante que el carisma. Según el médico, autor y conferenciante Alex Lickerman, por cómo nuestro cerebro afecta a los demás, «ejercemos influencia simplemente por ser quienes somos, decir lo que decimos y hacer lo que hacemos. Lo único que elegimos es si esa influencia es buena o mala».[5]

Para entender tu esfera de influencia, imagínate una diana. El centro representa el núcleo familiar y tus amigos más cercanos, donde se produce la influencia más intensa. El siguiente anillo podría incluir a los parientes lejanos y las amistades ocasionales. Los otros anillos incluyen a los compañeros de trabajo, los miembros de tu Iglesia, los vecinos y el camarero con el que charlas en tu parada diaria para tomar un café.

Ejemplo de esfera de influencia

5. Lickerman, A.: «The Power of Influence», *Psychology Today*, 3 de mayo, 2015. Disponible en: www.psychologytoday.com/us/blog/happiness-in-world/201505/the-power-influence

Cada uno tiene una esfera de influencia diferente, pero todos podemos dejar huella en la vida de los demás.

El conflicto de sentirse invisible

Una cálida mañana de verano, Mark y yo llegamos al aparcamiento de una iglesia local, Grace Hills, que organiza un evento para celebrar el Día del Padre. Hay chicos friendo tocino en una plancha, niños en pantalones cortos y camisetas de colores jugando a lanzar bolsas de alubias. En el vestíbulo, hay una mesa donde se venden magdalenas, galletas y una tarta de chocolate que gotea por todos los lados. ¿Quién iba a decir que podía haber tanta tentación en la iglesia?

Tenemos amigos muy queridos aquí, incluyendo al pastor Brandon Cox y su esposa, Angie. Los miembros de la iglesia solían reunirse en un cine, y, cuando iba, volvía a casa oliendo a palomitas de maíz con mantequilla. Ahora tienen un nuevo edificio y una congregación que crece.

Hoy el servicio comienza con una batalla de chistes entre los hombres: el primero que se ría pierde. Brandon, que lleva perilla y una camisa de cuadros púrpura, empieza: «¿Sabes aquel del hombre que robó un camión lleno de calendarios?». Larga pausa. «Le cayeron doce meses».[6]

Grace Hills es una filial de la Iglesia Saddleback, de California. En el conocido libro de Susan Cain, *El poder de los introvertidos*, la autora visita Saddleback y la describe como ejemplo de cultura extrovertida. Con una asistencia media de 22 000 personas, es una de las mayores iglesias del país y está dirigida por Rick Warren, un extrovertido gregario de gran corazón, famoso por predicar con camisas hawaianas y por su libro *Una vida con propósito*.

Me entró la curiosidad: ¿Saddleback también tiene un lado introvertido?

---

6. Iglesia Grace Hills: «Dad Joke Battle», Facebook, 16 de junio, 2019. Disponible en: www.facebook.com/gracehillsnwa/videos/325445735045454/

Y descubrí que la respuesta rotunda es sí. Brandon, un introvertido, ha trabajado con Rick Warren durante años. Forma parte del portal pastors.com, ayuda a líderes de todo el mundo y ha escrito *Rewired* (Reprogramado), un libro sobre cómo utilizar la tecnología actual para establecer relaciones y conversaciones reales sobre espiritualidad.

Sin embargo, la mayoría no es consciente de hasta dónde llega la influencia de Brandon. Probablemente no conozcan su nombre o su aspecto. Pero impacta a la misma cantidad de personas cada semana que Rick Warren. El reconocimiento no es esencial para llegar a la gente y la visibilidad no mide el valor real de una persona.

La esposa de Rick Warren y cofundadora de Saddleback, Kay, también es introvertida. De joven, antes de conocer a Rick, sentía que era alguien del montón. Un año y medio después de conocerse, se casaron, y Kay cambió de mentalidad y quiso ser «la mejor esposa de un pastor».[7]

Los introvertidos podemos encontrarnos envueltos en la identidad de un extrovertido al que amamos. Aunque es emocionante, también puede impedir que reconozcamos nuestro propio valor. Con el tiempo, Kay se dio cuenta de que tenía virtudes únicas y que no necesitaba imitar a su marido: «Tuve que ajustar la percepción que tenía de mí misma. En lugar de considerarme inadecuada o incapaz –demasiado tímida, demasiado introvertida, no lo bastante inteligente, no lo bastante talentosa–, empecé a creer y aplicar la verdad de Filipenses 4, 13: "Pues todo lo puedo hacer por medio de Cristo, quien me da las fuerzas"».[8]

Kay ha viajado a diecinueve países, ha impartido seminarios semanales a más de 5 000 mujeres y ha escrito varios libros. En su página web, sigue describiéndose como la esposa de Rick Warren y cofundadora de Saddleback, pero también dice que es alguien «a quien le apa-

---

7. Warren, K.: «God Loves to Use Average People», *Kay Warren*, 2 de mayo, 2017. Disponible en: http://kaywarren.com/article/god-loves-to-use-average-people/
8. Ibíd.

siona inspirar y motivar a otros a cambiar las cosas».[9] Esa joven «del montón» encontró un propósito extraordinario.

Rick, Brandon y Kay están conectados a través de una Iglesia. Pero podemos encontrar el mismo tipo de asociación entre extrovertidos e introvertidos en comunidades, organizaciones sin ánimo de lucro, industrias creativas y empresas.

Steve Jobs y Steve Wozniak en Apple.

Martin Luther King Jr. y Rosa Parks en el movimiento por los derechos civiles.

Franklin y Eleanor Roosevelt en la política.

John Lennon y Yoko Ono en el mundo de la música.

La autora y conferenciante Dra. Jennifer Kahnweiler (extrovertida) denomina a las parejas de extrovertido + introvertido como estos «genios opuestos». Lo que hace que estas parejas sean poderosas no es que los extrovertidos y los introvertidos se fusionen para parecerse más el uno al otro, sino que cada uno aprovecha sus puntos fuertes y su manera de influir para conseguir un objetivo común.

La conquista de la influencia genuina

La influencia ha cambiado bastante en los últimos años. Gracias a Internet y las redes sociales, cualquiera pueda tener voz, ofrecer su creatividad al mundo o liderar el cambio. Ya no se necesita el permiso de las autoridades. Ahora todos tenemos la oportunidad de influir.

En un resumen titulado «El factor gamma», el grupo Meredith Marketing explica que la influencia solía funcionar como una montaña, con los «alfas» en la cima (un político, un director general o la reina del baile). Es como si fuera una pirámide: se condensa y aumenta de abajo arriba.

---

9. Warren, K.: «Biography», *Kay Warren*, consultado el 10 de abril, 2020. Disponible en: http://kaywarren.com/biography/

La vieja influencia

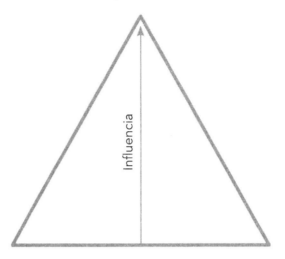

Pero con los cambios que se han producido en nuestra cultura, la influencia ya no se ve así. La nueva influencia se parece más a una serie de círculos conectados. Ya no se trata de tener una posición de poder, sino de establecer conexiones significativas.

Tener unas pocas relaciones directas y de *calidad* repercute indirectamente en una gran *cantidad* de personas.

La nueva influencia

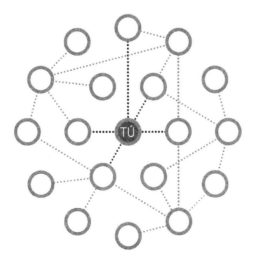

Aunque el grupo Meredith Marketing desarrolló el marco gamma pensando en las mujeres, se aplica a ambos sexos. Las creadoras, Lisa Finn y Lisa Johnson, afirman que una gamma se encuentra «en el centro de una red de conexiones personales positivas: su objetivo es sacar lo mejor de sí misma y de los demás. Se guía por sus creencias internas, sus pasiones y sus prioridades. Lo que la motiva es el deseo de interactuar, más que de impresionar. Es el centro fuerte de su familia, la aliada de confianza de sus amigos y el modelo del cambio que quiere ver en el mundo».[10]

La visibilidad de una gamma es irrelevante. No necesita un gran despacho, un micrófono o un número determinado de seguidores en las redes sociales.

Los introvertidos son más propensos a ser gammas que alfas. Influimos a través de estos puntos fuertes:

- Escuchamos
- Levantamos el ánimo
- No actuamos sin pensar
- Hacemos preguntas útiles
- Escribimos con eficacia
- Compartimos la atención y los elogios
- Somos pacientes y persistentes
- Combinamos el trabajo duro con la humildad
- Queremos entender
- Alentamos a los demás
- Se nos ocurren soluciones creativas
- Añadimos visión y profundidad
- Hacemos un seguimiento exhaustivo y reflexivo

La idea de que alguien debe ser extrovertido para ser un buen líder no sólo es anticuada, sino también inexacta. En su exitoso libro *Empresas que sobresalen*, el especialista en liderazgo Jim Collins y su equipo de

10. Finn, L., Johnson, L.: «The Gamma Factor: Women and the New Social Currency», Meredith Corporation, consultado el 10 de abril, 2020. Disponible en: www.gammawomen.com/download/executive_summary.pdf

investigación descubren qué hace que las empresas prosperen, lo que denominan «liderazgo de nivel 5». La descripción que hace se parece mucho a un «liderazgo introvertido».

Los líderes de nivel 5 muestran una poderosa mezcla de humildad personal y voluntad indomable. Son increíblemente ambiciosos, pero su ambición es ante todo por la causa, por la empresa y su propósito, no por ellos mismos. Aunque los líderes de nivel 5 pueden tener personalidades muy variadas, suelen ser *autosuficientes, tranquilos, reservados e incluso tímidos.* En nuestra investigación, todas las empresas que sobresalieron comenzaron con un líder de nivel 5 que motivó con principios inspirados, más que con una personalidad inspiradora [el énfasis es mío].[11]

Como dice el autor de superventas, profesor y estratega de liderazgo Jeff Hyman, «las personas silenciosas suelen producir los resultados más ruidosos».[12]

Escoge la influencia genuina

Brandon Cox dice: «Sé tú. Sé el líder que Dios creó cuidadosamente desde el vientre materno. Conoce tus puntos fuertes y débiles. Céntrate en las áreas que, como líder, te desafíen. Pero rechaza la presión de ajustarte a una determinada imagen de cómo debe ser un buen líder».[13] ¿Sabes cuál es su teoría del liderazgo ahora? El «mejor tipo de personalidad que se puede tener» es el tuyo.[14]

11. Collins, J.: «Level 5 Leadership», *Jim Collins*, consultado el 2 de abril, 2020. Disponible en: www.jimcollins.com/concepts/level-five-leadership.html

12. Hyman, J., *op. cit.*

13. Cox, B.: «The Best Personality Type for Ministry Leaders», *Brandon A. Cox*, consultado el 2 de abril, 2020. Disponible en: https://brandonacox.com/leadership-personality-type/

14. Ibíd.

Brandon sigue a Jesús, un líder que se centró en 12 personas, no viajó a más de 300 kilómetros de su lugar de nacimiento, vivió 33 años (30 de los cuales en la oscuridad) y murió como un rebelde en una cruz en nombre del amor. Sin embargo, tras su llegada, nada volvió a ser lo mismo.

Seguimos necesitando hombres y mujeres que elijan ejercer otro tipo de influencia. Que se nieguen a centrarse en ellos mismos y se centren en los demás. Nuestra cultura, que adora la fama, necesita personas valientes que bajen del escenario y hablen con una persona de la multitud. Las empresas y las comunidades necesitan líderes que no persigan la gloria, sino que sirvan amablemente a los demás.

Así que, besemos a nuestros hijos o cerremos un gran negocio. Subamos a un avión o caminemos hasta el parque. Aclaremos nuestras gargantas para decir lo que nos da miedo u ofrezcamos la virtud del silencio a un mundo que lo necesita desesperadamente. Presentémonos voluntarios o digamos el valiente «no» que nuestra alma anhela escuchar. Hagamos pasteles de boda o recaudemos millones de dólares para una buena causa. Acompañemos a un amigo a hacer quimioterapia o seamos el orador principal de un congreso.

Pero no creamos nunca que nuestra naturaleza tranquila nos descalifica para cambiar el mundo.

Puede que, como en el caso de Finlandia, sea lo que nos permita hacerlo.

6

LA CONFIANZA SAGRADA

Caminemos con la libertad y la confianza que nos da estar hechos a la imagen y semejanza de Dios.

EMILY P. FREEMAN

Inseguridad	Confianza sagrada
Conflicto	Conquista

Mi teléfono se ilumina con una confesión nocturna llena de preguntas de Taylor Thomas, una amiga querida, simpática, inteligente, divertida y amable.

A veces, por mi personalidad, siento que me cuesta mucho conectar con la gente o hacerles sentir que me importan. A veces me pregunto por qué Dios me hizo así. De un tiempo a esta parte, incluso me pregunto si realmente me ama, porque no entiendo por qué me creó de esta manera cuando parece que va en contra de la misión de amar y servir a los demás. Últimamente esto me desanima mucho.

Yo SÍ que amo a la gente, a mi manera, pero difícilmente se dan cuenta. Así que a veces, en mis momentos de debilidad, me pregunto si Dios me quiere. No puedo entender por qué amaría a alguien como yo…, lo cual es gracioso, porque yo AMO a mis compañeros introvertidos. Nunca dudo del amor de Dios por ellos. Nunca siento que Él me haya hecho daño. Nunca dudo de Su bondad en mi vida en general. Sólo cuando se trata de cómo me creó como persona que empiezo a preguntarme…

¿Te ha pasado alguna vez? ¿Estoy loca?[1]

Como se ha mencionado anteriormente, una encuesta de Gallup reveló que el 87 % de la población cree en Dios.[2] Y muchos introvertidos dicen que para ellos la fe es fundamental. Cuando amar a Dios y a los demás parece una extroversión, puede ser angustioso. Puede que no dudemos de Dios, pero empezamos a dudar de nosotros mismos.

Sin embargo, Jesús «muchas veces se alejaba al desierto para orar».[3] El apóstol Pablo dijo que había que ponerse «como objetivo vivir una vida tranquila».[4] Y Blaise Pascal, científico y teólogo del siglo XVII, dijo: «toda la desgracia de los hombres viene de una sola cosa: el no saber quedarse tranquilos en una habitación».[5]

¿Cómo hemos llegado hasta aquí? Durante miles de años, las cualidades introvertidas y extrovertidas parecían equilibradas en lo que respecta a la vida espiritual. Pero durante el Primer Gran Despertar, en el siglo XVIII, se produjo un cambio. El pastor Jonathan Edwards, «conocido por su pasión y energía», desempeñó un papel clave en este movimiento, que enfatizaba la emoción y las demostraciones externas de fe.[6] George Whitefield, con su estilo «carismático, teatral y expresivo», también viajó por las colonias americanas y llegó a pronunciar 350 sermones en un año.[7] En el siglo XIX, comenzó el Segundo Gran Despertar, dando paso a la era de los «avivamientos». Los predicadores itinerantes celebraban reuniones en tiendas de campaña al aire libre. A mediados del siglo XX, el evangelista Billy Graham llenaba estadios.

---

1. Thomas, T.: Mensaje personal. Utilizado con su permiso.

2. Hrynowski, Z., *op. cit.*

3. Lucas 5, 16.

4. 1 Tesalonicenses 4, 11

5. Pascal, B.: *Pensamientos*. Espasa Calpe, Madrid, 1940.

6. Editores de History.com: «Great Awakening», *History*, 7 de marzo, 2018. Disponible en: www.history.com/topics/british-history/great-awakening

7. Ibíd.

Estas transiciones religiosas se produjeron de forma paralela a las culturales. En el siglo XIX, el 90 % de la población vivía en granjas y cultivaba los alimentos que necesitaba la familia. En 1995, sólo el 1 % de la población vivía en granjas, donde se cultivaban alimentos para una media de 128 personas.[8] Alexander Graham Bell inventó el teléfono en 1876. Steve Jobs presentó el iPhone en 2007. Facebook tiene más de 2 000 millones de usuarios. Si se convirtiera en un país, sería el más poblado del mundo.[9] Antes de que los hermanos Wright emprendieran el vuelo en 1903, la mayoría de la gente nunca viajaba más allá de unos pocos kilómetros de su casa y sólo conocía a un pequeño grupo de personas durante toda su vida. Ahora, más de 44 000 vuelos transportan cada día a 3 millones de personas por todo el mundo.[10]

Cuando los turistas entran en las antiguas catedrales de Europa, bajan la voz y ralentizan el paso. En otras palabras, empiezan a actuar más como introvertidos. Durante la mayor parte de la historia de la Iglesia, entrar en una casa de culto significaba alejarse del ajetreo y el ruido de la vida. Y muchos introvertidos sienten que llevan mal la espiritualidad cuando el volumen y la velocidad de la fe moderna les abruma. Pero hay muchas formas de conectarse con Dios.

Veamos más de cerca la confianza

Imagínate en la orilla del mar, con los pies hundidos en la arena fresca, las olas lamiéndote los tobillos. El sol se desliza hacia el horizonte, como un bailarín saliendo del escenario. Franjas de rojo, naranja y amarillo tiñen el cielo. Las gaviotas revolotean, exhibiendo sus alas blancas, llamándose unas a otras. Un perro coge un frisbi que le devuel-

8. Waterhouse, B.: «A Sustainable Future?», *PBS*, consultado el 4 de abril, 2020. Disponible en: www.pbs.org/ktca/farmhouses/sustainable_future.html

9. Hutchinson, A.: «Facebook Reaches 2.38 Billion Users, Beats Revenue Estimates in Latest Update», *Social Media Today*, 24 de abril, 2019. Disponible en: www.socialmediatoday.com/news/facebook-reaches-238-billion-users-beats-revenue-estimates-in-latest-upda/553403/

10. Federal Aviation Administration: «Air Traffic by the Numbers», consultado el 4 de abril, 2020. Disponible en: www.faa.gov/air_traffic/by_the_numbers/

ve una ola. Un niño ríe. Te asombra toda esa maravilla, la grandeza de Dios y del mundo, tu pequeñez. Cierras los ojos y respiras el aire salado, susurras una oración.

Cuando nos piden que describamos este tipo de experiencia, a menudo no encontramos las palabras. Pero los científicos han descubierto en qué lugar de la mente se almacenan. Un grupo de científicos de las universidades de Columbia y Yale llevaron a cabo un estudio en el que escanearon el cerebro de los participantes mientras pensaban en experiencias espirituales, estresantes o relajantes. Las espirituales activaron el lóbulo parietal, una zona del cerebro que se encarga de la conciencia de uno mismo y de los demás, y de procesar la atención.[11]

Las experiencias espirituales nos dan la sensación de que tenemos un vínculo con alguien, reducen el estrés y mejoran la salud mental.[12] En su artículo sobre el estudio, la periodista Ephrat Livni afirma que éste «sugiere que la espiritualidad tiene una base cognitiva universal».[13] El rey Salomón lo dijo de otra forma hace miles de años: «[Dios] sembró la eternidad en el corazón humano».[14]

Nuestra relación con Dios no está limitada a un lugar o tiempo específico. Cualquier lugar en el que te encuentres puede convertirse en tierra sagrada.

Esto es importante, porque los investigadores también han descubierto que la confianza no es una emoción, sino un complejo patrón de actividad cerebral. Aumentar nuestra confianza no consiste en cambiar lo que sentimos, sino en cambiar lo que creemos.

---

11. Miller, L. *et al.*: «Neural Correlates of Personalized Spiritual Experiences», *Cerebral Cortex* v. 29, n. 6, junio, 2019, pp. 2331-2338. Disponible en: https://doi.org/10.1093/cercor/bhy102

12. Hathaway, B.: «Where the Brain Processes Spiritual Experiences», *Yale-News*, 29 de mayo, 2018. Disponible en: https://news.yale.edu/2018/05/29/where-brain-processes-spiritual-experiences

13. Livni, E.: «Columbia and Yale Scientists Found the Spiritual Part of Our Brains–Religion Not Required», *Quartz*, 30 de mayo, 2018. Disponible en: https://qz.com/1292368/columbia-and-yale-scientists-just-found-the-spiritual-part-of-our-brains/

14. Eclesiastés 3, 10-11.

Los pensamientos repetidos crean vías neuronales en el cerebro. Pero, gracias a la plasticidad neuronal, podemos cambiarlas cuando nos lo proponemos. Incluso si nos hemos debatido con la inseguridad toda la vida. ¿No es asombroso que transformarse «por medio de la renovación de la mente»[15] no sea sólo un proceso espiritual, sino, literalmente, también un proceso físico del cerebro?

Kelly McGonigal (psicóloga de la salud y profesora de la Universidad de Stanford) afirma que «muchos problemas están profundamente arraigados y, sin embargo, constantemente vemos [...] pequeños cambios de mentalidad que desencadenan una serie de cambios tan profundos que ponen a prueba los límites de lo que parece posible».[16]

Si nos decimos que les pasa algo a quienes somos o a la forma en que nos relacionamos con Dios, es hora de verlo desde otro ángulo.

El conflicto de la inseguridad

Preparo una bolsa de mano con la intensidad de un soldado que se dirige a una misión. Cojo un par de tapones para los oídos de color verde neón y los meto en un diminuto estuche de plástico que casi parece de espías. Añado un diario, un bolígrafo y dos caramelos de jengibre. Vierto rooibos (un té rojo sudafricano conocido por sus cualidades calmantes) en un termo para llevar.

Mark entra en la cocina.

—¿Estás lista?» –me pregunta.

Asiento con la cabeza y contesto:

—Vámonos.

Llevamos casi veinte años en nuestra iglesia. El área de los niños huele a galletas; el vestíbulo principal, a café. Nuestros amigos más queridos atienden el mostrador de entrada de los preescolares, y nos detenemos para darles un rápido abrazo. En cuanto abro la puerta del

---

15. Romanos 12, 2.
16. McGonigal, K.: *The Upside of Stress: Why Stress Is Good for You, and How to Get Good at It*. Penguin, Nueva York, 2016, p. 27.

santuario principal, la música me golpea como un tsunami. Me ahogo, perdida en un mar de sonido.

Tras la primera canción y los anuncios, las luces se atenúan y me pongo los tapones para los oídos, que quedan ocultos con el pelo suelto. Lo oigo todo a un volumen manejable. Durante el mensaje, me siento con mi diario sobre el regazo como un bebé feliz, con el bolígrafo en una mano y el té en la otra. Después pienso: «Misión cumplida».

Antes de crear este pequeño sistema, a menudo entraba por la puerta de una iglesia que me gusta, de la que me alegro de formar parte, y me preguntaba: «¿Qué me pasa? ¿Por qué todos los demás disfrutan de la música a todo volumen, están ansiosos por unirse a un grupo e ir a otro retiro? ¿No amo a Dios? ¿No amo a su pueblo?». Lo que ocurre es que soy una introvertida a la que le afectan los estímulos externos, como la música alta y las multitudes.

Jordan Holt, también introvertido, dice que a veces le cuesta conectar con Dios en entornos similares. «He tenido mis momentos más espirituales leyendo… y, más a menudo, al aire libre. Veinte minutos a solas en el bosque me permiten estar más cerca de Dios de lo que nunca he estado dentro de una iglesia. Estar a solas fomenta la reflexión y el entendimiento».[17]

Me atrae la frase de Jordan: «mis momentos más espirituales». Aunque estar con otros es importante, es liberador saber que no tiene por qué ser entonces cuando experimentamos nuestros momentos más espirituales. A veces me siento menos sola en mi fe cuando no hay nadie. Emerjo de esos instantes tranquilos con ganas de comprometerme. Eso no significa que ame menos a Dios o a la gente que el entusiasta que estrecha la mano o da una palmadita en la espalda a todo el mundo en la puerta de la iglesia. Significa que amo de manera diferente.

Servimos a un Dios que se deleita en la variedad, que no nos creó como una pared de ladrillos, sino que nos hizo un cuerpo: vivo y en constante transformación, diverso no sólo en el color de la piel y la edad, sino también en la personalidad y el temperamento. No quiero

17. Holt, J.: «Are Introverts Really Welcomed in Church?», *Charisma*, consultado el 4 de abril, 2020. Disponible en: www.charismamag.com/life/women/25918-are-introverts-really-welcomed-in-church

mirar a mis hermanos y hermanas extrovertidos y decirles: «¡No deberíais ser así!». Tal vez lo más difícil sea mirarme a mí (mi ser tranquilo, introvertido y con tapones en los oídos) y no decirme: «No deberías ser así».

Mi iglesia ha comenzado a incorporar momentos de Selah en los servicios, breves intervalos de silencio inspirados en las pausas de Selah en los Salmos. Uno de mis pastores me preguntó:

—¿Te gustan?

—Sí, son mis momentos favoritos –le contesté.

—Al personal le preocupa que sean incómodos –añadió él.

—No para la mitad de tu congregación –le dije.

Como dice la escritora Kristen Strong, «un Dios infinitamente creativo da cabida a personalidades infinitamente creativas».[18]

La conquista de la confianza sagrada

Al lado de los gigantescos libros de texto que llevaba en mi mochila, *Sacred Pathways* (Senderos sagrados) me parecía pequeño, el David en medio de muchos Goliat. Pero este delgado volumen, de lectura obligatoria para mi máster en asesoramiento, cambió la forma de verme. Su autor, Gary Thomas, escribe que «Dios nos ha dado diferentes personalidades y temperamentos. Es natural que estas diferencias se reflejen en nuestro culto».[19] El día que compré el libro, le eché un vistazo durante la clase en lugar de tomar apuntes. Antes de irme a dormir, lo seguí leyendo a la luz de la lámpara de cabecera y con mi marido roncando al lado. «¿Qué es un "sendero sagrado"? En pocas palabras, es la forma en que nos relacionamos con Dios, cómo nos acercamos a Él. ¿Lo podemos hacer sólo de una manera? No necesariamente. Pero la mayoría tendrá una predisposición natural para relacionarse con Dios, que es nuestro temperamento espiritual predominante».[20]

18. (in)courage: *A Moment to Breathe: 365 Devotions That Meet Your Everyday Stress*. B&H, Nashville, 2017, Kindle, día 352.
19. Thomas, G.: *Sacred Pathways: Discover Your Soul's Path to God*. Zondervan, Grand Rapids, 2000, p. 22.
20. Ibíd., p. 23.

Thomas describe nueve senderos espirituales principales.

SENDEROS SAGRADOS

Nota: He utilizado los mismos títulos que Thomas, pero he adaptado las descripciones basándome en mi experiencia personal y tras estudiarlas a fondo.

Subraya o marca con una X las dos o tres descripciones que más se parezcan a ti.

Naturalistas: *Amar a Dios al aire libre.* Me siento más cerca de Dios cuando estoy rodeado de su creación.

Sensitivos: *Amar a Dios con los sentidos.* Me siento más cerca de Dios a través de experiencias que involucran mis sentidos, como escuchar música, comer la hostia o ver arte.

Tradicionalistas: *Amar a Dios a través de los rituales y los símbolos.* Me siento más cerca de Dios a través de la repetición y la rutina, como cantar canciones familiares y mantener las tradiciones.

Ascéticos: *Amar a Dios en soledad y con sencillez.* Me siento más cerca de Dios cuando minimizo las distracciones externas y las preocupaciones materiales y llevo una vida sencilla y centrada en el interior.

Activistas: *Amar a Dios a través de la confrontación.* Me siento más cerca de Dios cuando me enfrento a la injusticia, al mal o defiendo a los oprimidos.

Cuidadores: *Amar a Dios amando a los demás.* Me siento más cerca de Dios al satisfacer las necesidades de los demás (éstas pueden ser prácticas, emocionales o espirituales).

Entusiastas: *Amar a Dios con misterio y celebración.* Me siento más cerca de Dios a través de las emociones, las celebraciones y las ocasiones especiales, principalmente las que implican regocijo y alegría.

Contemplativos: *Amar a Dios a través de la adoración.* Me siento más cerca de Dios a través de la intimidad espiritual, de los momentos de tranquilidad en los que me concentro plenamente en mi relación con Él.

Intelectuales: *Amar a Dios con la mente.* Me siento más cerca de Dios cuando aprendo algo nuevo o descubro algo que me ayuda a comprenderlo mejor a Él, a los demás y/o a mí mismo.

Las dos o tres descripciones que has marcado son probablemente tus senderos sagrados predominantes.

Si no te has identificado con ninguno de los senderos sagrados de la lista, no pasa nada. Nueve senderos dejan espacio para uno más: el tuyo. Haz una pausa y pregúntate: «¿Cuándo me siento más cerca de Dios?». Tu respuesta es tu sendero sagrado.

Tener senderos predominantes no significa que no utilicemos los demás. Todos forman parte de una vida de amor a Dios, a los demás y a nosotros mismos. Pero entender que lo hacemos de forma diferente nos libera.

No pasa nada si no te sientes cerca de Dios de la manera que lo hacen los demás. Al igual que no pasa nada si ellos no se sienten cerca de Dios de la manera que lo haces tú.

> Pedro se dio la vuelta y vio que, detrás de ellos, estaba el discípulo a quien Jesús amaba. [...] Pedro le preguntó a Jesús:
> —Señor, ¿qué va a pasar con él?
> Jesús contestó:
> —[...] ¿qué tiene que ver contigo? En cuanto a ti, sígueme.[21]

Es fácil preguntarse: «¿Qué le pasa? ¿Qué les pasa?». Jesús no le da a Pedro ninguna explicación. Le vuelve a decir que lo siga; con nosotros hace lo mismo.

Dios no nos compara con nadie, y nosotros tampoco tenemos que hacerlo.

Escoge la confianza sagrada

Una encantadora tarde de otoño, meses después de enviarme el texto que he mencionado al principio de este capítulo, Taylor caminaba, deslumbrante, hacia el altar. Tras la ceremonia, todos los invitados se unieron a los recién casados en un granero adornado con pequeñas luces que colgaban de las vigas.

Mientras observaba a Taylor bailar con su vestido blanco, pensé: «Es una mujer que sabe lo mucho que la quieren». A pesar del escenario, no

---

21. Juan 21, 20-22.

pensaba en el amor en el sentido romántico. Durante los meses anteriores, había visto como Taylor daba pasos para estar más en paz consigo misma, como empezaba a ver su introversión no como un motivo de inseguridad, sino como una virtud divina, la fuente de sus fortalezas. Parecía más libre y feliz, más completa y descansada.

Dios nos llama novias, lo que siempre ha sido un misterio para mí, pero al ver a Taylor en la pista de baile entendí mejor la analogía. Porque lo que vi en ella es lo que creo que Él quiere para todos.

Saber que somos «una creación admirable» (Salmo 139: 14).

Estar no sólo cómodos, sino también tranquilamente seguros en nuestra piel.

7

EL VERDADERO BIENESTAR

La felicidad [...] tiene un profundo efecto positivo en nuestra vida profesional y personal. Aumenta nuestra inteligencia emocional y social, potencia nuestra productividad e intensifica la influencia que ejercemos en los compañeros y colegas.

DRA. EMMA SEPPÄLÄ

La felicidad de segunda mano	El verdadero bienestar
Conflicto	Conquista

Manoj Singh se despierta antes del amanecer con el zumbido de un mosquito. Los insectos entran fácilmente en su casa de Calcuta. Una lona de plástico azul hace de pared improvisada y toda su familia duerme en una habitación abierta.

Se lava los pies con agua de un cubo y se sube a la bicicleta para ir al pueblo donde trabaja como conductor de *rickshaw* (un vehículo de dos ruedas al que se suben los pasajeros y del que tira manualmente para recorrer las calles atestadas de gente). A veces los clientes abusan de él, dice, sobre todo cuando están borrachos.

En verano, el calor le quema los pies y la cabeza. No le importa el invierno, ni los monzones.

Marci Shimoff (narradora del documental *Happy*) lanza una pregunta al espectador: «¿Te sorprendería saber que, en un estudio reciente, este conductor de *rickshaw*, Manoj Singh, resultó ser tan feliz como el estadounidense medio?».[1]

La premiada película de Roko Belic investiga qué nos hace felices. Tanto Manoj como los neurólogos, psicólogos y profesores coinciden en que mucho de lo que creemos sobre la felicidad no es cierto. Al final de una agotadora jornada por poco dinero, Manoj llega a casa. Dice: «Mi hijo está sentado en la tetería esperando a que llegue y, cuando me llama "¡BABA!", la alegría me invade. Cuando veo la cara de mi hijo, me siento muy feliz. Siento que no soy pobre, sino la persona más rica del mundo».

Tiene razón: los estudios demuestran que, una vez satisfechas las necesidades básicas de una persona, el dinero adicional aporta poco a la felicidad, pero las relaciones la aumentan considerablemente. «Mis vecinos son buenos», dice Manoj. «Permanecemos juntos y eso nos hace felices. Somos todos amigos». En cambio, el 22 % de los *millennials* estadounidenses dicen no tener «ningún amigo».[2] En los últimos 50 años, la riqueza media de los estadounidenses se ha duplicado, pero el bienestar ha disminuido y la soledad ha aumentado.

¿Cómo nos hemos equivocado tanto con la felicidad?

La frase «la búsqueda de la felicidad» aparece en la Declaración de Independencia de Estados Unidos, pero no se originó allí. Thomas Jefferson la extrajo de un ensayo del historiador y filósofo inglés John Locke. Pero Locke no abogaba por una vida de placer y ocio. Sí, Locke dice: «Perseguir la felicidad es el fundamento de la libertad». Pero, en la

1. Belic, R.: *Happy*. Wadi Rum Films, 2011. Disponible en: www.thehappymovie. com/

2. Ballard, J.: «Millennials Are the Loneliest Generation», *YouGov*, 30 de julio, 2019. Disponible en: https://today.yougov.com/topics/lifestyle/articles-reports/ 2019/07/30/loneliness-friendship-new-friends-poll-survey

siguiente frase, aclara que se refiere a la «búsqueda cuidadosa y constante de la felicidad *verdadera y sólida*» (el énfasis es mío).[3]

La felicidad verdadera y sólida se hace eco del antiguo concepto bíblico de Shalom, un estado de bienestar completo: emocional, físico, mental, social y espiritual. El giro extrovertido que la cultura moderna ha dado a la felicidad ha complicado su significado para los introvertidos.

La felicidad se ha convertido en sinónimo de emoción efervescente y entusiasta. Imagínate un anuncio de cerveza con un montón de gente guapa riendo en una playa. Si le pides a una persona extrovertida que describa cómo se siente cuando es feliz, es probable que escuches palabras como *entusiasmado, enérgico, emocionado, encantado, eufórico*. Si le preguntas a un introvertido, es más probable que escuches *contento, realizado, tranquilo, comprometido, en paz, satisfecho*.

Pero el ideal de felicidad extrovertida occidental no es universal. Los estudios revelan que en los países no occidentales la felicidad tiene una definición más introvertida. (*Nota al margen:* los niños introvertidos de estas mismas culturas suelen ser más populares que sus compañeros extrovertidos).

Cuando los introvertidos evaluamos nuestra felicidad, no podemos utilizar la definición de la cultura occidental, porque no se ajusta a nosotros: es una felicidad de segunda mano. Si utilizamos esa definición, creeremos que no somos felices, y la gente también lo creerá y se preocupará. Pero lo que ocurre es que somos felices *de otra forma*.

La felicidad varía no sólo de cultura a cultura, sino también de persona a persona. Es una de las emociones más complejas que tenemos, y para la neurociencia no existe una experiencia de felicidad única.

Repaso rápido: como el cerebro y el sistema nervioso de los extrovertidos y los introvertidos son diferentes, los primeros necesitan estimulación externa para sentirse bien y los segundos se sienten mejor con una estimulación externa mínima. Según la psicóloga Laurie Helgoe,

---

3. Locke, J.: *The Pursuit of Happiness*, consultado el 10 de abril, 2020. Disponible en: www.pursuit-of-happiness.org/history-of-happiness/john-locke/

«los introvertidos no buscan grandes dosis de excitación emocional positiva –*prefieren encontrar el sentido antes que la felicidad*–, por lo que son relativamente inmunes a esta búsqueda de la felicidad que impregna la cultura estadounidense contemporánea» (el énfasis es mío).[4] La «felicidad» en el sentido extrovertido es un estado de alta excitación. Para los introvertidos puede ser incómodo, molesto o incluso agotador (de nuevo, como el exceso de cafeína).

Veamos de nuevo el gráfico que resume las diferencias entre los introvertidos y los extrovertidos. Fíjate en la última línea que he añadido.

Resumen

	Introvertidos	Extrovertidos
Neurotransmisor	Acetilcolina	Dopamina
Sistema nervioso	Parasimpático	Simpático
Vía nerviosa	Más larga y compleja	Más corta y rápida
Estimulación externa	Disminuye la energía	Aumenta la energía
Estimulación interna	Aumenta la energía	Disminuye la energía
Estado natural de felicidad	Calma y satisfacción	Entusiasmo y emoción

Por supuesto, tanto los extrovertidos como los introvertidos consideran que la calma, la satisfacción, el entusiasmo y la emoción son sensaciones positivas. Pero nuestro sistema nervioso hace que lo que nos hace feliz sea diferente.

Los estados de felicidad nos ayudan a entender la diferencia entre los introvertidos y los extrovertidos. Pero son sólo el punto de partida. Tu actividad cerebral es tan única como tu huella dactilar, lo que sig-

---

4. Helgoe, L., *op. cit.*

nifica que tu experiencia de felicidad es diferente de la de cualquier otra persona.[5]

Tus sinónimos de felicidad

Todas las palabras que aparecen a continuación pueden ser sinónimos emocionales de «feliz». Subraya o redondea al menos tres palabras con las que te identifiques.

Para mí, sentirse feliz = sentirse…

Agradecido	Empoderado	Relajado
Altruista	Encantado	Respetuoso
Animado	Energizado	Resuelto
Ansioso	Entusiasta	Satisfecho
Apasionado	Fascinado	Seguro
Asombrado	Fiable	Sereno
Calmado	Fuerte	Sorprendido
Cariñoso	Inspirado	Tranquilo
Centrado	Interesado	
Comprometido	Libre	Añade otras:
Contento	Motivado	………………
Dichoso	Optimista	………………
Divertido	Productivo	………………
Emocionado	Realizado	………………

Los diferentes sinónimos de felicidad son a menudo el origen de los malentendidos, por lo que ser conscientes de que existen puede fortalecer nuestras relaciones.

Imagina que un extrovertido escoge «sorprendido» como sinónimo de «feliz». Quiere hacerte feliz, así que te organiza una fiesta sorpresa en la piscina con 50 personas. Uno de tus sinónimos es «sereno», así que

---

5. Sinrich, J.: «30 Amazing Facts about Your Brain That Will Blow Your Mind», *The Healthy*, 13 de enero, 2020. Disponible en: www.rd.com/health/wellness/brain-facts/

prefieres una tarjeta regalo para un spa o un día en kayak. Él se siente poco apreciado. Tú te sientes abrumado. Ninguno de los dos es feliz.

Si alguien intenta hacerte feliz y, en cambio, te frustra o decepciona, puede que la causa sea que tenéis sinónimos de felicidad diferentes. Y, por supuesto, ocurre lo mismo cuando intentamos hacer felices a los demás. Puede serte útil preguntar a otras personas de tu vida cuáles son sus sinónimos de felicidad.

El conflicto de la felicidad de segunda mano

Alli Worthington en una tribuna en Blissdom, un congreso que cofundó para servir a sus compañeros creadores de contenido, empresarios e influyentes en las redes sociales. Se interrumpe a media frase porque un *flash mob* inicia un baile sincronizado al ritmo de una de sus canciones favoritas. Es un agradecimiento alegre y visible por todo el trabajo invisible que ha realizado.

También es un hito para Alli, una introvertida que solía perseguir logros externos. Se decía a sí misma que la felicidad no importaba, pero los logros sí. Su visión cambió cuando ella y su marido tuvieron dificultades económicas, se declararon en quiebra y perdieron su casa. Alli luchó contra la pérdida, la ansiedad y el agotamiento; se lo replanteó todo y recondujo su vida hacia lo que realmente le importaba y le proporcionaba, a ella y a los demás, la verdadera felicidad.

En su libro *The Year of Living Happy: Finding Contentment and Connection in a Crazy World* (Un año viviendo feliz: cómo encontré la satisfacción y la conexión en un mundo loco), Alli dice: «Solía creer que la búsqueda de la felicidad era superficial, que la felicidad y la santidad se excluían mutuamente. Pero ahora entiendo que van de la mano. El trabajo de buscar la auténtica felicidad es importante, y es santo».[6]

Salomón lo dice de otra manera en el Eclesiastés: «Así que llegué a la conclusión de que no hay nada mejor que alegrarse y disfrutar de la

---

6. Worthington, A.: *The Year of Living Happy: Finding Contentment and Connection in a Crazy World*. Zondervan, Grand Rapids, 2018, introducción.

vida mientras podamos. Además, la gente debería comer, beber y aprovechar el fruto de su trabajo, porque son regalos de Dios».[7]

Me identifico con la historia de Alli porque es similar a la mía. Hace años, cuando apenas tenía edad para votar o beber, hice un largo viaje hasta California para dar mi primera conferencia. Tenía dos responsabilidades sencillas y aterradoras: impartir talleres de escritura y reunirme con aquellos asistentes que querían que revisara su trabajo.

Entre reunión y reunión, paseaba bajo las copas de las secuoyas gigantes del retiro. Rezaba en la quietud y descansaba en el silencio. Pero detrás de la tribuna o entre las mesas de los asistentes desconocidos, me sentía desconectada y sola. Ojalá hubiera escuchado aquella sensación y le hubiera preguntado a esa parte de mí que era madura para la edad que tenía: «¿Qué me intentas decir?».

En lugar de eso, me esforcé más. Empecé un blog, creé una comunidad online y escribí libros, lo que me llevó a recibir más invitaciones para impartir conferencias y a tener una agenda abarrotada. Como la fea del baile cuando le preguntan si quiere bailar, dije que sí a todo y a todos. Y bailé y bailé. Di charlas y más charlas. Sonreí y sonreí. Pero sentía que la depresión y la ansiedad, contra las que había luchado durante gran parte de mi vida, volvían a aparecer.

Hace unos años, fui a otro congreso encantador en un lugar muy lejano, y pronuncié el discurso de apertura. A la mañana siguiente, en la última sesión, me encontraba en una hermosa sala con gente maravillosa y no podía dejar de llorar. Había sido un año muy agitado (20 viajes en 12 meses) y mi estado emocional estaba hecho añicos.

Todos nos perdemos de vez en cuando. En algún momento, mientras buscaba la felicidad y la aprobación, dejé a mi verdadero yo en la cuneta. Cuando vivimos como alguien que no somos, cuando empezamos a perseguir recompensas externas que nos dejan vacíos por dentro, es el momento de reconsiderar qué es lo que importa de verdad. Podemos hacer una pausa y preguntarnos: «¿Adónde me lleva el camino que estoy recorriendo?». Olvida adónde les lleva a los demás, especialmente a los extrovertidos. Si lo que persigues te lleva al agotamiento y a la insatisfacción, entonces no es la felicidad. No importa si eres muy bue-

---

7. Eclesiastés 3, 12-13.

no en lo que haces. No importa cuántos «me gusta» consigas. No importa si piensas: «Mucha gente estaría encantada de tener esto».

He empezado a viajar y a dar conferencias de nuevo, aunque no tan a menudo. Y ahora lo hago de una manera que se ajusta a como soy. Sirvo mejor a los demás. Vuelvo a casa más feliz. Doy el siguiente paso con más fuerza.

La conquista del verdadero bienestar

Un año, en el congreso de Alli, la investigadora y autora de superventas Brené Brown subió al estrado. Dijo algo que ahora dice a menudo, pero era la primera vez que lo oía: «Si me preguntan cuál es la emoción más aterradora y difícil que sentimos como personas, diría que es la alegría».[8]

Brené describe grandes experiencias que todos hemos sentido: conducir un día de verano con las ventanas bajadas, hacer un trabajo satisfactorio, abrazar a alguien que amamos. Luego nos imaginamos un accidente, un despido, una ruptura. Un segundo estamos entusiasmados y, al siguiente, nos ponemos en guardia. Dar un portazo a la felicidad parece lo más seguro. No disfrutes demasiado de la vida. No te apegues. Prepárate para lo peor.

Pero Brené explica que la felicidad requiere vulnerabilidad. También habla de un hombre que se resistió a la alegría durante toda su vida y luego perdió a su mujer: «En el momento en que me di cuenta de que [mi mujer] se había ido, lo primero que pensé fue: "Debería haber disfrutado más de esos momentos de alegría. Porque desdeñarlos no me protegía de lo que siento ahora"».[9]

Yo también puedo pensar que minimizar la alegría, eludir los regalos de la vida y no compartir plenamente mi persona me mantiene más segura. Pero en este mundo, los corazones se rompen, los helados se

8. Podrazik, J.: «Dr. Brené Brown: Joy Is "the Most Terrifying, Difficult Emotion"», *HuffPost*, 8 de marzo, 2013. Disponible en: www.huffpost.com/entry/dr-Brené-brown-joy-gratitude-oprah_n_2885983

9. Ibíd.

derriten y el reloj marca la medianoche. Todos experimentamos pérdidas y penas, rechazos y frustraciones, un adiós por cada hola. ¿Cuál es la respuesta natural y comprensible? Tratar de encontrar la felicidad en lo que parece más sólido y predecible: una cuenta bancaria o una casa grande, ser alguien que no somos.

Pero en el fondo sabemos que eso no es suficiente. Cuando hablamos de felicidad, lo que a menudo intentamos describir, lo que requiere tanta vulnerabilidad, es algo mucho más profundo. «Shalom» es una palabra que he mencionado antes y que no tiene equivalente en nuestro idioma. A menudo se traduce como «paz» o «bienestar», pero ninguna de las dos capta su significado completo. Shalom aparece más de doscientas veces en las Escrituras, como en Salmos 35, 27: «¡Sea ensalzado el SEÑOR, que se complace en el bienestar de su siervo!». Según el teólogo y escritor Tim Keller, «El *shalom* que se experimenta es multidimensional, un bienestar completo: físico, psicológico, social y espiritual. Fluye de todas las relaciones que se han arreglado: con Dios, con uno mismo y con los demás».[10]

Cuando prosperamos, no sólo nos beneficiamos nosotros, sino que también lo hace toda la humanidad. Como en nuestra cultura la felicidad se asocia con el dinero, la imagen o el estatus, podemos creer que ser feliz significa ser egoísta. Pero según Gretchen Rubin, que investiga la felicidad:

El mito más pernicioso sobre la felicidad […] se presenta de varias formas. Una sostiene que «en un mundo tan lleno de sufrimiento, sólo se puede ser feliz si se es insensible y egocéntrico». Otra es: «La gente feliz se centra en su propio placer; es autocomplaciente y no se interesa por el mundo». No es cierto. Los estudios demuestran todo lo contrario, que las personas más felices son más propensas a ayudar a los demás, se interesan más por los problemas sociales, hacen más volunta-

---

10. «The Meaning of Shalom in the Bible», *New International Version*, 1 de marzo, 2019. Disponible en: www.thenivbible.com/blog/meaning-shalom-bible/

riado y más donaciones. Están menos preocupadas por sus problemas personales».[11]

Si la verdadera felicidad es tan esencial y útil, ¿significa eso que no debemos sentirnos mal o pasar momentos difíciles? En absoluto. Como ya he mencionado, durante años luché contra la depresión y la ansiedad (y hablaré de ambas más adelante). Por eso necesito saber que la felicidad es algo más que un coche llamativo y ropa elegante. Necesito una felicidad que me haga sentir bien con mi alma.

Tu estilo de felicidad

Entonces, ¿qué aspecto tiene la felicidad en nuestra vida cotidiana? Jennifer Dukes Lee, autora de *The Happiness Dare* (El reto de la felicidad), investigó la felicidad y la clasificó en cinco estilos diferentes. Entrevistó a personas de entre 11 y 92 años; preguntó a psicólogos, líderes espirituales y consejeros qué es lo que hace feliz a la gente; y leyó cientos de artículos, estudios y libros. Conocer nuestro estilo de felicidad nos ayuda a dirigirnos hacia lo que nos hace prosperar, lo que a su vez nos ayuda a amar y servir.

Estilos de felicidad

Subraya o marca con una X los estilos de felicidad con los que más te identifiques.

Hacedor. Encuentras la felicidad suprema en la actividad significativa. Estás en tu punto óptimo de felicidad cuando haces aquello para lo que fuiste creado y lo haces bien.

---

11. Rubin, G.: «Happiness Myth No. 10: The Biggest Myth–It's Selfish to Try to Be Happier», *Gretchen Rubin*, consultado el 10 de abril, 2020. Disponible en: https://gretchenrubin.com/2009/03/happiness-myth-no-10-the-biggest-myth-its-selfish-to-try-to-be-happier

Relacionador. Encuentras la felicidad suprema en las relaciones positivas y significativas con los demás. Estás en tu punto óptimo de felicidad cuando te hallas en compañía de amigos y familiares.

Experimentador. Encuentras la felicidad suprema participando en momentos significativos que representan aventura, algo nuevo o extravagante, en casa o en la carretera. Estás en tu punto óptimo de felicidad cuando te relacionas con el mundo para descubrirlo.

Dador. Encuentras la felicidad suprema buscando formas de deleitar a los demás. Estás en tu mejor momento cuando encuentras la felicidad al crearla para otra persona.

Pensador. Encuentras la felicidad suprema en el trabajo contemplativo de la mente. Te deleitas en aprender, reflexionar y soñar.

Puedes realizar un test para conocer tu estilo de felicidad y leer más sobre cada uno de ellos en JenniferDukesLee.com/hapiness-style y en su libro The Happiness Dare.

Jennifer nos invita a aceptar nuestro estilo de felicidad sin sentir culpa ni compararnos con los demás. «La vergüenza surge cuando culpabilizamos a los demás (o a nosotros mismos) porque encontramos la felicidad en actividades diferentes. También cuando sentimos (o infligimos) culpa por deleitarnos en alguna experiencia o en algo. Dios nos dio el mundo creado, con azúcar y pájaros azules y audiolibros y el Scrabble y museos de arte y sexo. Tienes permiso para disfrutar de la comida, la amistad y un baño refrescante en un día caluroso».[12]

Escoge el verdadero bienestar

Un día de invierno, Marcus Buckingham (investigador y autor británico) se encuentra en la puerta de un estudio de televisión de Chicago.

---

12. Dukes Lee, J.: *The Happiness Dare: Pursuing Your Heart's Deepest. Holiest, and Most Vulnerable Desire.* Tyndale, Carol Stream, Illinois, 2016, p. 68.

Va a un popular programa a explicar qué ayuda a la gente a prosperar en la vida y en el trabajo. Mientras espera que le dejen entrar, está rodeado de una multitud que representa a todos a quienes ha escuchado, y cuyas respuestas ha estudiado: todas las edades y razas, diferentes carreras y circunstancias vitales. Piensa en lo que tienen en común, en lo que ha descubierto que es universal en todos los seres humanos: el deseo de ser feliz.

Buckingham, al igual que los creadores del documental *Happy*, no encontró el secreto de la felicidad en los datos y la demografía. No depende de si estamos casados o somos solteros, de si tenemos hijos o no. No se basa en los ingresos o la educación. No tiene que ver con el lugar donde vivimos o el tamaño de nuestra casa. Sí, los factores externos pueden influir en nuestra felicidad, pero no en la medida que solemos creer. Buckingham descubrió que las personas que son más felices han aprendido a construir su vida en torno a lo que realmente son, no lo que los demás esperan que sean. Cuando lo hacemos, tenemos más de lo que él llama «momentos fuertes». Son momentos en los que somos nosotros mismos de forma plena y no impostores que nos quitan la alegría. Según Buckingham, «"Tenerlo todo" no significa tenerlo todo a la vez, siempre. "Tenerlo todo" significa tomarse en serio a uno mismo. Significa conocerte a ti mismo lo suficiente como para encontrar tu propósito en la vida. Significa saber qué tienes que cambiar cuando sientes que has perdido ese propósito. Significa tener la fe de creer que puedes cambiar y el valor para hacerlo».[13]

Los introvertidos experimentamos un punto de inflexión en nuestro bienestar cuando empezamos a ser más quienes somos. Es entonces cuando aprendemos que nos quieren así mismo, descubrimos las virtudes que tenemos y dejamos ir lo que nos retiene. Es cuando podemos avanzar hacia lo que realmente vale la pena perseguir, que es mucho más que la felicidad de segunda mano.

---

13. Buckingham, M.: *Find Your Strongest Life: What the Happiest and Most Successful Women Do Differently*. Thomas Nelson, Nashville, 2009, p. xvii.

8

LA RESILENCIA CONSEGUIDA A PULSO

Ahora mi vida está marcada por la tranquilidad, la conexión y la simplicidad. Hay una paz que define mis días, un asentamiento, un arraigo. He estado buscando esto en un millón de sitios, todos fuera de mí, y me asombra darme cuenta de que el arraigo está dentro de mí, y que quizás ha estado ahí siempre. Ahora sé que lo mejor que puedo ofrecer a este mundo no es mi fuerza o energía, sino un espíritu bien cuidado, un alma sabia y valiente.

SHAUNA NIEQUIST

Ansiedad/Depresión	Resilencia conseguida a pulso
Conflicto	Conquista

De 1987 a 1992, Sheila Walsh, una popular copresentadora de televisión, llevó esperanza a personas de todo el mundo. Pero un día desapareció. En uno de sus libros describe una conversación que tuvo el día que volvió a la vida pública. Una mujer la reconoció en un centro comercial y le preguntó dónde había estado.

Respiré hondo y dije: «Esta mañana me han dado el alta en un hospital psiquiátrico». Esperé a ver su respuesta. Se acercó a la mesa y me cogió la mano. «¿Qué te pasó?», preguntó. «Vi el p rograma el día anterior a tu desaparición y parecías estar bien». «Me diagnosticaron un trastorno depresivo grave», respondí. «Pero no parecías deprimida», dijo ella. «Nunca lo habría imaginado». Hablamos un rato y luego se fue. Me quedé en la mesa, con las lágrimas cayendo en mi tibio café. Sus palabras resonaban en mi corazón: «Nunca lo habría imaginado».[1]

La felicidad de una persona no es toda su historia, y el riesgo de sufrir ansiedad y depresión es mayor para los introvertidos.[2] Para los muy creativos, todavía más. Sí, creo que Dios quiere que todos estemos bien. Pero vivimos en un mundo roto donde no todo es como debería ser. Sheila Walsh escribió varios libros, se convirtió en una conferenciante muy solicitada y sigue conmoviendo a miles de personas. Cuando leí su libro *The Heartache No One Sees* (La angustia que nadie ve) hace más de una década, sentí alivio. Alguien más entendía y tenía las mismas luchas internas. Si Dios podía utilizar su historia para hacer que las cosas cambiaran, también podía utilizar la mía. Algunas personas conocidas que han luchado contra la depresión o la ansiedad son la Madre Teresa, Charles Spurgeon, Barbara Bush, Abraham Lincoln, Miguel Ángel, C. S. Lewis, Mozart, Charles Dickens, Martín Lutero, Juan Calvino, John Wesley, Handel, Emily Dickinson, Isaac Newton, el papa Francisco y Florence Nightingale. En un estudio del Grupo Barna, el 46 % de los pastores declararon haber sufrido depresión en algún momento de su ministerio.[3] También aparecieron héroes bíblicos como Elías, Jonás, David, Job, Moisés y Jeremías.

Si luchas contra la depresión o la ansiedad, estás en buena compañía en el campo de batalla.

Y aunque no seas tú quien las padezca, alguien en tu vida lo hace (te des cuenta o no), y entenderlo te ayuda a luchar a su lado.

---

1. Walsh, S.: *The Heartache No One Sees: Real Healing for a Woman's Wounded Heart.* Thomas Nelson, Nashville, 2007, Kindle, p. 98-104.

2. Helgoe, L., *op. cit.*

3. «Nearly Half of Pastors Have Struggled with Depression», *Influence*, 30 de mayo, 2017. Disponible en: https://influencemagazine.com/Theory/Nearly-Half-of-Pastors-Have -Struggled-with-Depression

Veamos más de cerca la resiliencia

Recibí un mensaje de mi padre con dos palabras: «Es grave». Mi madre, una persona activa y preocupada por su salud, tenía una obstrucción en el corazón que ponía en peligro su vida. Menos de 24 horas después estaba en un quirófano. Tras una operación de emergencia para realizarle una triple derivación coronaria, muchas complicaciones y algunos milagros, se recuperó.

Nunca pensé que mi madre corriera el riesgo de sufrir una enfermedad cardíaca. Procedo de una larga estirpe de mujeres robustas que llegan hasta casi los cien años.

Después de la operación, tanto ella como yo queríamos saber la respuesta a una pregunta: «¿Por qué?». Aunque hemos aprendido mucho, la respuesta parece ser: «Es complicado».

Hace años, me senté en la consulta de mi terapeuta. Me entregó los resultados de varias evaluaciones. «Tienes depresión y ansiedad». Tuve una sensación de *shock* similar. ¿Depresión y ansiedad? No lo entendía, como tampoco entendí la enfermedad cardíaca de mi madre. Yo era espiritualmente activa, tenía vida social y éxito profesional. ¿Cómo era posible? (Desde entonces he aprendido que las personas que rinden más tienen más riesgo de sufrir depresión y ansiedad).

Sin embargo, me alivió mucho el hecho de poner nombre a lo que sentía, al saber que no estaba sola y que *no era culpa mía*. Sí, tenía que asumir la responsabilidad de abordarlo, pero no tenía que sentirme culpable o avergonzada. También quería una respuesta a la misma pregunta: «¿Por qué?». Después de investigar mucho, hablar con médicos y terapeutas, y de caminar por la depresión y la ansiedad con otras personas, he descubierto que la respuesta también es: «Es complicado».

Los neurotransmisores, la regulación defectuosa del estado de ánimo por parte del cerebro, la genética, los acontecimientos estresantes de la vida, las pérdidas, las hormonas, los problemas de salud y el temperamento son factores que influyen.

Según la Escuela de Medicina de Harvard, «dos personas pueden tener síntomas similares de depresión, pero el problema en el interior y, por lo tanto, el tratamiento que funcionará mejor para cada uno, pueden ser totalmente diferentes».[4] Lo que está claro es que la depresión y la ansiedad nunca son sólo espirituales. Y por mucha fe que tengas, no puedes tan sólo «espabilar». El neurocientífico Levi Gadye explica que «el lóbulo frontal, donde se unen todas nuestras sensaciones y pensamientos creando una experiencia unificada, es el cerebro cognitivo. La amígdala, situada en lo más profundo del cerebro, forma parte del cerebro emocional. Sólo sentimos ansiedad cuando las señales del cerebro emocional dominan a las del cerebro cognitivo».[5]

En otras palabras, la ansiedad y la depresión no son racionales. No responden a la lógica. No podemos hacer que desaparezcan citando hechos o haciéndonos cataplasmas con tópicos espirituales. Estas tácticas no sólo no funcionan en el cerebro emocional, sino que pueden aumentar la ansiedad y la depresión.

Cuando alguien a quien amas sufre depresión o ansiedad, recuerda eso también. Si no le dirías a mi madre –que siempre tendrá que cuidarse el corazón– que «lo supere» o que «rece más», por favor, tampoco se lo digas a alguien que tenga depresión o ansiedad.

(Y si le dices eso a mi dulce mamá, bueno, te lo advierto: ¡te las verás conmigo!).

El conflicto de la depresión y la ansiedad

¿Por qué hablar de depresión y ansiedad a la vez? Los estudios muestran que más de la mitad de las personas que sufren depresión también tienen ansiedad.[6] Ambas están divididas en varios subtipos, algunos sorprendentes.

4. «What Causes Depression?», *Harvard Health Publishing*, 24 de junio, 2019. Disponible en: www.health.harvard.edu/mind-and-mood/what-causes-depression

5. Gadye, L.: «What Part of the Brain Deals with Anxiety? What Can Brains Affected by Anxiety Tell Us?», *BrainFacts.org*, 29 de junio, 2018. Disponible en: www.brainfacts.org/diseases-and-disorders/mental-health/2018/what-part-of-the-brain-deals-with-anxiety-what-can-brains-affected-by-anxiety-tell-us-062918

6. Zbozinek, T. *et al.*: «Diagnostic Overlap of Generalized Anxiety Disorder and Major Depressive Disorder in a Primary Care Sample», *Depression and Anxiety*,

Tipos comunes de depresión

Dos tipos comunes de depresión son el trastorno depresivo mayor y el trastorno depresivo persistente (distimia).

TRASTORNO DEPRESIVO MAYOR

Los meteorólogos no vieron las señales. Los niños seguían construyendo castillos de arena, las mujeres descansaban bajo sombreros de ala ancha, los barcos camaroneros traían las redes llenas desde el Golfo de México. Entonces llegaron las nubes, primero como un susurro, luego como un rugido. Sin estar preparada, la ciudad de Galveston soportó vientos de 120 kilómetros por hora y 3 600 edificios se derrumbaron. Este huracán de 1900 sigue siendo el peor desastre natural de la historia de Estados Unidos.

El trastorno depresivo mayor es como un huracán. Tu vida es como un día soleado; luego el cielo se oscurece, la lluvia lo empapa todo y parece que nunca va a parar. Cuando lo hace, las nubes se alejan y la vida se reanuda. La previsión (la detección temprana de los síntomas) puede minimizar el daño que causa la depresión.

Síntomas del trastorno depresivo mayor

Esta lista no sustituye la consulta con un médico o terapeuta y no proporciona un diagnóstico oficial. Sólo es una herramienta con fines informativos.

Subraya o marca con una X todo lo que sientas:

☐ Estado de ánimo triste, ansioso o «vacío» persistente
☐ Sentimientos de desesperanza o pesimismo
☐ Irritabilidad
☐ Sentimientos de culpa, inutilidad o impotencia
☐ Pérdida de interés o placer en las aficiones y actividades
☐ Disminución de la energía o fatiga

---

v. 29, n. 12, 2012, pp. 1065-1071. Disponible en: www.ncbi.nlm.nih.gov/pub med/23184657

☐ Moverse o hablar más despacio

☐ Sentirse inquieto o tener problemas para permanecer sentado

☐ Dificultad para concentrarse, recordar o tomar decisiones

☐ Dificultad para dormir, despertarse temprano por la mañana o dormir demasiado

☐ Cambios en el apetito y/o en el peso

☐ Pensamientos de muerte o suicidio, o intentos de suicidio

☐ Dolores, cefaleas, calambres o problemas digestivos sin una causa física clara y/o que no se alivian con tratamiento[7]

Si experimentas varios de estos síntomas la mayor parte del día, casi todos los días, durante al menos dos semanas, podría tratarse de un trastorno depresivo mayor. Según la Asociación Americana de Ansiedad y Depresión, más de 16,1 millones de adultos estadounidenses, más a menudo mujeres, padecen trastorno depresivo mayor.[8]

TRASTORNO DEPRESIVO PERSISTENTE

Una persona que sufre trastorno depresivo mayor suele sentirse bien, pero luego llega un huracán. Los seres queridos suelen notar ese cambio tan marcado. La depresión también interfiere en actividades cotidianas como el trabajo, el cuidado de la familia y el sueño.

El trastorno depresivo persistente cursa con los mismos síntomas, pero son más leves y largos. Para diagnosticarlos tienen que estar presentes dos años, mientras que en la depresión mayor sólo dos semanas.

Yo sabía que tenía síntomas depresivos, pero también me levantaba de la cama todos los días, tachaba de mi lista las tareas pendientes y me relacionaba. Seguía con mi vida, pero sentía que había perdido las ganas. Me obligaba a hacer todo lo que tenía en mi agenda, ya fuera una actividad divertida como pasar tiempo con los amigos o una tarea diaria como ducharme.

---

7. «Depression», *National Institute of Mental Health*, consultado el 6 de abril, 2020. Disponible en: www.nimh.nih.gov/health/topics/depression/index.shtml

8. «Facts & Statistics», *Anxiety and Depression Association of America*, consultado el 6 de abril, 2020. Disponible en: https://adaa.org/about-adaa/press-room/facts-statistics

No se me había ocurrido que lo que sentía no era normal. Una persona con trastorno depresivo persistente también puede experimentar episodios de depresión mayor (lo que se conoce como depresión doble), y por aquel entonces yo ya era muy consciente de mi depresión. Pero tardé años en darme cuenta de que mi depresión era persistente, también conocida como «depresión de alto funcionamiento». Muchos de los que parece que están bien por fuera están sufriendo por dentro un dolor sordo que les quita la alegría de vivir. Es como una llovizna lenta y constante.

Afortunadamente, mi depresión persistente está remitiendo (pronto hablaremos de ello).

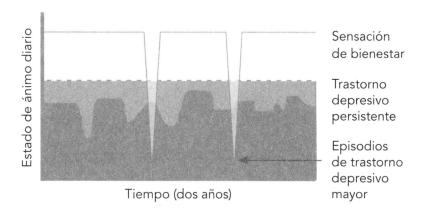

Tipos comunes de ansiedad

Si la depresión es un huracán, la ansiedad es un terremoto. Su rango de gravedad va desde sacudirnos a hacer que nuestra vida se derrumbe. A menudo pensamos que la ansiedad es mental, y, sí, afecta a nuestros pensamientos. Pero la ansiedad es principalmente física. Está relacionada con la respuesta de huir o luchar y es la forma que tiene nuestro cuerpo de decirnos: «Detecto una amenaza» o «Presta atención a esto». Todos sentimos cierta ansiedad, de lo contrario no sobreviviríamos. Pero a veces este sistema de protección se vuelve hiperactivo o inexacto, lo que nos provoca una ansiedad angustiante.

Los dos tipos de ansiedad que más frecuentemente sufren los introvertidos son el trastorno de ansiedad generalizada y el trastorno de ansiedad social.

TRASTORNO DE ANSIEDAD GENERALIZADA

El trastorno de ansiedad generalizada es el más común: lo padece el 3,1 % de los adultos, el doble de mujeres que de hombres. Consiste en una preocupación crónica y excesiva, a menudo sin una causa específica.

Síntomas del trastorno de ansiedad generalizada

Esta lista no sustituye la consulta con un médico o terapeuta y no proporciona un diagnóstico oficial. Sólo es una herramienta con fines informativos.

Subraya o marca con una X todo lo que sientas:

☐ Preocupación frecuente y angustiante
☐ Preocupación que parece demasiado intensa, frecuente o angustiante
☐ Dificultad para controlar o detener la preocupación una vez que comienza
☐ Preocuparse de forma desproporcionada o incontrolada por cosas menores, como llegar tarde a una cita, reparaciones menores, los deberes, etc.[9]

TRANSTORNO DE ANSIEDAD SOCIAL

Mientras la ansiedad generalizada incluye múltiples circunstancias, la ansiedad social se centra en situaciones que implican a otras personas. El 6,8 % de la población sufre este trastorno.[10]

---

9. «Screening for Generalized Anxiety Disorder (GAD)», *Anxiety and Depression Association of America*, consultado el 6 de abril, 2020. Disponible en: https://adaa.org/screening -generalized-anxiety-disorder-gad
10. «Facts & Statistics», *op. cit.*

Síntomas del trastorno de ansiedad social

Esta lista no sustituye la consulta con un médico o terapeuta y no proporciona un diagnóstico oficial. Sólo es una herramienta con fines informativos.

Subraya o marca con una X todo lo que sientas:

- ☐ Un miedo intenso y persistente a una situación social en la que la gente pueda juzgarte
- ☐ Temer ser humillado por tus acciones
- ☐ Temer que la gente se dé cuenta de que te ruborizas, sudas, tiemblas o muestras otros signos de ansiedad
- ☐ Saber que tu miedo es excesivo o irracional[11]

A pesar de mi ansiedad social, he hablado ante miles de personas, he copresentado un podcast y he creado una sólida red de apoyo. Me ha costado muchos años llegar adonde estoy ahora, pero la ansiedad ya no me domina.

Cuando Dios dice «no temas» en las Escrituras, casi siempre es porque la persona a la que se dirige *ya* tiene miedo. Imagínate a un padre susurrando en la oscuridad a un niño que teme que haya monstruos bajo la cama. Es un consuelo, no una reprimenda. Dios nos ayuda a superar nuestros miedos y a encontrar un valor que no sabíamos que teníamos.

¿Y ahora qué?

Si has descubierto que sufres de ansiedad o depresión (o que alguien a quien quieres lo tiene), la pregunta natural es: «¿Y ahora qué?».

Las causas y las curas varían de persona a persona. Ojalá pudiera ofrecerte una fórmula sencilla, una solución fácil o una cura permanente. Recomiendo que sigas estos tres pasos:

---

11. «Screening for Social Anxiety Disorder», *Anxiety and Depression Association of America*, consultado el 6 de abril, 2020. Disponible en: https://adaa.org/scree-ning-social -anxiety-disorder

1. Dile a Dios que no te sientes bien. Él ya lo sabe y te ayudará. Luego, cuéntaselo a alguien en quien confíes. Pídele a esa persona que te apoye, ore y que te haga responsable de dar los pasos dos y tres.
2. Pide cita con un terapeuta.
3. En coordinación con tu terapeuta, pide una cita con tu médico para descartar cualquier causa médica. Habla también de posibles soluciones físicas, como el ejercicio, los suplementos y/o la medicación.

Una nota sobre los niños y los adolescentes

Durante una comida, hablé sobre mi depresión y ansiedad, intentando que el olor de las patatas fritas, el tocino crujiente y las magdalenas calientes no me distrajera. Después, una mujer me dijo:

—Gracias por lo que has contado. Mi hija también tiene depresión y ansiedad. Me ha pedido ver a un psicólogo y yo me he resistido. Pensaba que su depresión era culpa mía, porque me divorcié, y que yo debía solucionarlo.

—¿Qué edad tenía tu hija cuando empezaron los síntomas? –le pregunté.

—Ocho –respondió.

—¿Es introvertida?

—Es tranquila y reflexiva –dijo.

—¿Tiene mucha empatía con otras personas?

—Se preocupa por sus amigos y su familia, especialmente por mí. Percibe lo que siento, aunque no me lo diga –respondió.

—¿Es creativa?

—Sí, escribe poemas en un cuaderno y le gusta dibujar –añadió.

—Tu hija está hecha de una determinada manera por un motivo. Tiene puntos fuertes increíbles. También tiene más riesgo de sufrir depresión y ansiedad. No es culpa tuya. Deja que haga terapia.

En otra ocasión, en un retiro de escritores, me senté en un círculo de mujeres poderosas, cuyos nombres aparecen en portadas de libros y en logotipos de podcasts. Hablamos de nuestra ansiedad y depresión, de cómo empezó cuando teníamos ocho años, cuando éramos niñas sensibles, creativas y empáticas. No comprendo qué hay detrás de este patrón (la ciencia todavía lo está investigando), pero lo he visto tantas veces que creo que vale la pena mencionarlo.

Si un niño o adolescente de tu entorno sufre depresión y ansiedad, anímate. Eso significa que posee grandes virtudes. Dile que sus dificultades forman parte de sus superpoderes. Facilítale lo que necesite para convertirse en una persona más fuerte y verdadera.

Si fuiste un niño o adolescente con ansiedad y depresión, pero nunca te enfrentaste a ellas, hazlo ahora. No es culpa tuya y no es demasiado tarde.

La conquista de la resiliencia conseguida a pulso

En la película *Capitana Marvel*, un enemigo le lanza reproches a la oficial de la fuerza aérea Carol Danvers. Carol recuerda todos los momentos en los que ha caído a lo largo de su vida. Una niña que tropieza, con sangre en el labio. Una versión algo mayor de sí misma que saca un *kart* de la pista. Un piloto que se estrella. La voz se burla: «Sólo eres humana». Carol se debilita.

Pero entonces vuelve a pensar en esas escenas y en que, después de cada una, se levantó. Se limpió la sangre del labio, se quitó el polvo de las rodillas, se levantó junto a los restos de su avión. «Tienes razón», dice, «sólo soy humana». Esta vez esas palabras no son un reproche, sino una declaración de fuerza.

Carol finalmente entiende que los momentos de debilidad no significan que seamos débiles. Los humanos se caen, pero también se levantan. «He estado luchando con un brazo atado a la espalda. ¿Qué pasa cuando por fin lo tengo libre?», pregunta.[12] Como descubre, lo que pasa es que gana. Lo que pasa es que se transforma. Lo que pasa es que se vuelve resiliente.

Hace poco, mientras corría, me fijé en un tema de mi lista de reproducción. Casi todas las canciones hablaban de guerreros, de lucha, de victoria y de rugir en la batalla. Ese día, la depresión y la ansiedad in-

---

12. Boden, A., Fleck, R.: *Capitana Marvel*. Marvel Studios, Burbank, California, 8 de marzo, 2019.

tentaron recuperar el territorio que les había quitado. Estaba cansada. Pero, en ese momento, me di cuenta de que había llegado muy lejos porque no me había batido en retirada. Me había defendido. Me había mantenido fuerte. La depresión y la ansiedad me ofrecieron un regalo inesperado: me convirtieron en una luchadora.

Resilencia = la negativa a rendirse
+
la determinación de levantarse

La resiliencia está dividida en tres tipos: vivencial, empática y emocional.

Resiliencia vivencial

«Me alegro mucho de no haberme quitado la vida», dice Michael Phelps, el deportista olímpico más condecorado de la historia.[13] A pesar de sus muchas victorias en el agua, Phelps, introvertido, perdió contra su depresión y ansiedad. La intensidad que le ayudó a convertirse en uno de los mejores deportistas del mundo le supuso un reto personal.

Phelps consiguió su primera medalla de oro en los Juegos Olímpicos de 2004, en Atenas. Cuando finalizó el evento, Phelps experimentó otra primera vez: un episodio de depresión importante. Este patrón continuó con cada ronda de competiciones olímpicas. Aunque los fans asumieron que debía de estar pletórico, cuando terminaron los Juegos de 2012, Phelps dijo que no quería seguir en el deporte, que no quería vivir más.[14]

---

13. Scutti, S.: «Michael Phelps: "I Am Extremely Thankful That I Did Not Take My Life"», *CNN*, 20 de enero, 2018. Disponible en: www.cnn.com/2018/01/19/health /michael-phelps-depression/index.html
14. Heller, C.: «Michael Phelps Recalls Depression Battle: "I Just Didn't Want to Be Alive"», *E! News*, 25 de octubre, 2018. Disponible en: www.eonline.com/

Phelps se automedicaba, un escollo común para los introvertidos que tienen depresión y ansiedad. Los extrovertidos son los más propensos a desarrollar una adicción al alcohol, con una excepción: los introvertidos deprimidos.[15] Los introvertidos de alto rendimiento pueden automedicarse para calmar el dolor emocional, reducir la presión o potenciar el rendimiento, lo que les permite seguir socializando.

Phelps siguió un tratamiento que incluía terapia, gestión del estrés y otras herramientas. Se tomó la recuperación de su salud mental tan en serio como su entrenamiento para los Juegos Olímpicos. Incluso los días que no tenía ganas, se esforzaba por progresar. Cuando alguien le preguntó qué hacía falta para ser un campeón, respondió: «Trabajo duro, dedicación, no rendirse».[16]

La resiliencia vivencial significa hacer lo que debemos incluso los días difíciles. Si no te has rendido, entonces tienes resiliencia vivencial, aunque a veces lo máximo que puedas hacer sea seguir respirando.

«Corramos con perseverancia la carrera que Dios nos ha puesto por delante», dice el libro de los Hebreos.[17] No «corramos con velocidad» ni «corramos sin tropezar jamás». Corramos con perseverancia. Dios no reparte medallas por el rendimiento; reparte coronas por la perseverancia.

Todavía estás en la carrera.

Resiliencia empática

En otra película de superhéroes, *Pantera negra*, T'Chaka le dice a su hijo T'Challa: «Eres un gran hombre con un gran corazón. Y ser rey no es fácil para un hombre así».[18]

---

news/980488/michael-phelps-recalls-depression-battle-i-just-didn-t-want-to-be-alive

15. Dembling, S.: «Introverts and Parties: Just Add Alcohol?», *Psychology Today*, 4 de diciembre, 2009. Disponible en: www.psychologytoday.com/us/blog/the-introverts-corner/200912/introverts-and-parties-just-add-alcohol

16. Scutti, S., *op. cit.*

17. Hebreos 12, 1.

18. Coogler, R.: *Pantera negra*. Marvel Studios, Burbank, California, 16 de febrero, 2018.

Yo diría: «Eres una gran persona con un gran corazón. Y ser introvertido en el mundo actual no es fácil para una persona así».

¿Por qué? Porque el mal y la tragedia, la pobreza y la desesperanza, las lágrimas en los ojos del prójimo y los titulares que aparecen en la pantalla nos afectan.

Los introvertidos luchamos no sólo por nuestro corazón, sino también por el de los demás. ¿Por qué los guerreros van a la batalla? Porque se preocupan. Encuentran una causa por la que vale la pena luchar o alguien a quien defender. Les molestan tanto las injusticias del mundo que no pueden quedarse al margen. El dolor de los que les rodean no pasa desapercibido. Incluso si no te han diagnosticado depresión o ansiedad, como introvertido es probable que hayas tenido momentos en los que has sentido el peso y el dolor de este mundo.

Si sufres de depresión y ansiedad, pero sigues preocupándote por alguien o por algo, entonces tienes resiliencia empática. Sería mucho más fácil para tu corazón retirarse, cerrarse y ceder al entumecimiento y al aislamiento. Sin embargo, sigues amando. Sigues dando. Sigues luchando.

Cuando tienes depresión, la resiliencia empática puede consistir en abrazar a tus hijos, responder un mensaje de texto de un amigo aunque sólo quieras dormir, o cantar una canción en la iglesia cuando las palabras no parecen verdaderas y apenas las ves en la pantalla porque las lágrimas te nublan la vista. Para T'Challa, significó convertirse en un rey diferente.

No es fácil. Puede que la gente que te rodea nunca sepa cuánto te cuesta. Pero Dios lo ve, y entiende el sacrificio que puede suponer seguir apareciendo. Nunca te digas que tu depresión, ansiedad o compasión significan que eres débil.

Eres valiente. Eres fuerte. Todavía se te necesita.

Resiliencia emocional

Mi depresión y ansiedad ahora están remitiendo, pero en el libro *Fiercehearted* (Corazón feroz) compartí mi experiencia cuando estaban en pleno apogeo. Después de la terapia y las citas con el médico, iba a mi cafetería favorita para escribir lo que necesitaba oír, lo que quería que otros supieran.

Sé amable contigo misma. Ya tienes suficientes enemigos contra los que luchar sin tener que añadirte a la lista. Si alguien a quien quieres sufre depresión, abrázale y dile que lo está haciendo mejor de lo que cree [...].

Como se suele decir: «Sé amable, porque todos los que conoces están librando una dura batalla». Ésta es la mía. Ahora sé el nombre de mi enemigo. Y no tengo miedo de decirlo en voz alta. Sea lo que sea a lo que te enfrentes hoy, tampoco tienes que esconderte ni agachar la cabeza.

No hay que avergonzarse de ser un guerrero. Sigue luchando.[19]

Uno de los aspectos más peligrosos de la ansiedad y la depresión es dejarse llevar por la culpa y la vergüenza. *La depresión y la ansiedad son algo contra lo que luchas; no son ni serán nunca tu identidad.*

Imagina que estás en un campo de batalla. No mirarías a tu adversario y dirías: «Ése soy yo». No, dirías: «Ése es mi enemigo, y lo derrotaré». Tenemos que abordar la depresión y la ansiedad de esta manera. No cambian la forma en que Dios nos ve, su voluntad de utilizarnos para sus propósitos, o nuestro valor para él y los demás. No escuches ni te creas esas mentiras.

Los estudiosos estiman que más de la mitad de los Salmos son lamentos, expresiones de profundo dolor, pena o frustración. «¿Por qué estoy desanimado? ¿Por qué está tan triste mi corazón?», se pregunta el salmista. Y concluye: «¡Pondré mi esperanza en Dios! Nuevamente lo alabaré, ¡mi Salvador y mi Dios!».[20]

La resiliencia emocional significa saber que no pasa nada si no estamos bien, pero también entender que no tenemos que seguir así. Lloramos, pero nos secamos los ojos y nos atrevemos a amar de nuevo. Nos tiemblan las rodillas y se nos desboca el corazón, pero de todos modos damos el siguiente paso. Nos sentimos frustrados por tener que lidiar con la depresión y la ansiedad, pero seguimos eligiendo la esperanza.

En mi vida, una combinación de terapia, medicación, ejercicio, suplementos, cambio de dieta, reducción del nivel de estrés, las relaciones

---

19. Gerth, H. *op. cit.*, pp. 139-140.
20. Salmos 42, 5.

de apoyo y el amor de Dios hizo que los trastornos remitieran. Me llevó tiempo descubrir qué necesitaba, y muchas de las cosas que probé al principio no funcionaron. Si algo te ayuda, sigue haciéndolo. Si no, prueba otra cosa.

Soy consciente de que puedo tener una recaída, pero estoy agradecida por este período y por saber que ahora tengo un plan eficaz para saber qué hacer si la depresión y la ansiedad vuelven a aparecer. Ya no me controlan.

Eh, depresión y ansiedad,
Creéis que me domináis. Pero no es verdad. Yo os domino.
Eso significa que cada vez que me derribéis, me volveré a levantar. Significa que no podéis definirme. En cambio, yo siempre os desafiaré.
Nunca podréis mandarme. Sólo Dios puede determinar mi identidad y mi destino. *Podéis hacer que me esconda bajo las sábanas a veces. Pero no haréis que esconda quién soy.*
Creéis que debería temeros. Pero vosotras deberíais temerme a mí. Porque no voy a ceder ni a desistir. Nunca me rendiré. Y le mostraré al mundo quiénes sois: una mentirosa y una ladrona que susurran en la oscuridad y toman lo que no es suyo.
Os burláis de mí y me decís que, si alguien supiera de vosotras, no me amaría. Pero no me avergüenzo. *El Dios que me creó me llama «amada». No importa lo que me digáis, él me hizo «maravillosamente compleja».*[21]
Os gustaría convencerme de que soy una cobarde, pero hago lo que sea para enfrentarme a vosotras. Voy al médico. Voy a terapia. Se lo cuento a mis amigos de confianza. Acepto la alegría cuando llega. Hago cosas valientes y difíciles una y otra vez. Esto no es cobardía, es verdadera valentía.
Me tentáis para que me contenga hasta que me libre de vosotras. «¿Cómo puedes ayudar a los demás», siseas, «cuando todavía estás rota?». Pero he aprendido que, a través de nuestras roturas, el amor de Dios a menudo fluye más libremente hacia los demás.
He aquí el secreto: creéis que me habéis quitado mucho, pero habéis hecho todo lo contrario. Habéis revelado que soy más fuerte de lo que sé, más valiente de lo que siento y más amada de lo que puedo imaginar.

---

21. Salmos 139, 14.

Permitidme que os suelte esta bomba hoy, Depresión y Ansiedad...
Intentasteis hacerme débil. Pero me convertisteis en una guerrera.
Y nunca dejaré de luchar.

Escoge la resiliencia conseguida a pulso

Hace casi treinta años, Sheila Walsh salió de un plató de televisión y entró en un hospital psiquiátrico. Ahora su himno personal (y el título de uno de sus libros más recientes) es: «No pasa nada si no estás bien». Sobre esta frase dice: «Quiero que sepáis que se luchó por estas palabras. Podrían parecer una bandera blanca, siete palabras de rendición, pero no lo son. Para mí son palabras de victoria».[22]

Hace unos años, escuché a Sheila Walsh en un evento. Habló de sus batallas contra la depresión. Compartió momentos difíciles. Pero también sonrió y rio, animó y declaró.

La resiliencia emocional no significa sentirse siempre bien. Significa aprender a aceptar toda la gama de emociones humanas.

Cuando Sheila Walsh concluyó su charla, pidió a quienes hubieran tenido depresión, incluso hasta el punto de no querer vivir, que se acercaran a ella. Cientos de personas se levantaron. Adolescentes. Madres de mediana edad. Abuelos. Se me saltaron las lágrimas, no sólo porque me sentí mucho menos sola, sino porque pensé: «¿Y si toda esta gente hubiera desistido? ¿Y si no estuvieran aquí?».

Miré a todos los que me rodeaban y no vi heridos ambulantes, sino guerreros. No vi debilidad, sino una gran fuerza. No vi cobardía, sino valor.

Hermanas y hermanos introvertidos que lucháis contra la depresión y la ansiedad, formamos parte de un poderoso y querido ejército. Un ejército de empatía. Un ejército de resiliencia. Un ejército que nunca se rendirá a la oscuridad.

Seguiremos luchando.

---

22. Walsh, S.: *It's Okay Not to Be Okay: Moving Forward One Day at a Time.* Baker Books, Grand Rapids, 2018, p. 15.

9

EL PENSAMIENTO AGUZADO

Ahora sé que no puedo dar al mundo lo que recibe de los extrovertidos. Pero no pasa nada, porque puedo aportar algo que el mundo necesita. Puedo ser una buena oyente, puedo calmar a la gente, puedo ayudarles a ver las cosas con claridad y puedo darles buenos consejos. Y puedo hacer todo eso porque paso mucho tiempo sola: soñando despierta, pensando en la gente y en la vida, leyendo libros, investigando e intentando entender el mundo.

MELANIA KANIADAKI

Pensamientos negativos	Pensamiento aguzado
Conflicto	Conquista

Un lunes por la mañana entré en el departamento editorial de la empresa de tarjetas de felicitación en la que hacía prácticas, esperando que todo siguiera igual. Pero en lugar del ambiente tranquilo al que me había acostumbrado, me encontré con el caos.

Papeles esparcidos por el suelo. Todas las mesas desordenadas. Jarrones y marcos de fotos volcados. Vandalismo. Me imaginé que algunos remitentes de tarjetas descontentos habían venido a vengarse. Una abuela a la que no le había gustado la felicitación por su cumpleaños.

Una recién casada ofendida por su tarjeta de primer aniversario. Un adolescente protestón y angustiado por nuestros tonos alegres.

Una editora decidió llamar a mantenimiento, y allí, en la horquilla de su teléfono, un pequeño charco reveló que nuestro vándalo era cuadrúpedo y peludo. Nuestro edificio estaba en medio de un pequeño bosque, y habíamos tenido visitantes salvajes. Durante una reunión, no parábamos de oír chillidos lejanos. La conversación derivó en una investigación. ¿El chillón parecía emocionado o aterrorizado? ¿Sería un anuncio de compromiso, de embarazo o un ratón? La redacción supuso que nuestro invitado no deseado había abandonado el local. Pero unos momentos después, vimos movimiento junto a una estantería. Nos volvimos y vimos una *ardilla* que nos miraba fijamente antes de volver a ponerse a salvo. ¡Ajá!

Mi jefe, que es un hombre de acción, ideó un plan que consistía en crear una pasarela desde la librería hasta la puerta. Pusimos las sillas de lado y las alineamos formando una barrera, como la pared de una pista de carreras NASCAR. ¿Qué importante papel desempeñaba yo? El de golpear a la criatura con una escoba que habíamos sacado del armario de la limpieza de la oficina, para motivarla a moverse.

Con gran expectación, ocupamos nuestros puestos. Mi jefe asintió. Ejecuté el plan y la ardilla salió disparada como un galgo. Rodeó nuestra pista y se adentró en la naturaleza.

No estábamos seguros de cómo había entrado la ardilla, pero supusimos que se habría colado por una puerta que habría quedado entreabierta durante el fin de semana. Siempre esperé que volviera a pasar.

En mi mente sí que he dejado entrar a otras ardillas: pensamientos negativos de los que me gustaría librarme para siempre. Empiezo a pensar que estoy defraudando a todo el mundo o que no soy lo bastante buena. Entonces comienzan los estragos. Las emociones patas arriba. La racionalidad dispersa. La verdad con las esquinas masticadas. Un espacio privado se convierte en un centro de vida salvaje.

Después de haber conectado con miles de introvertidos, sé que no soy la única a quien le pasa esto. Nuestras mentes son muy activas, una de nuestras mayores virtudes. Pero si no entrenamos nuestros pensamientos, parece que las ardillas estén al mando. Cambiar mi forma de pensar fue importante para recuperarme de la depresión y la ansiedad.

Aunque no sufras estos trastornos, todos los introvertidos tienen que saber manejar su mente activa.

Veamos más de cerca el pensamiento

Los introvertidos somos silenciosos, pero nuestras mentes son ruidosas. En un estudio de neuroimagen, los científicos descubrieron que los introvertidos tenían «más actividad cerebral que los extrovertidos. Esto significa que los introvertidos pueden procesar más información por segundo que los extrovertidos, lo que ayuda a explicar por qué pueden ser propensos a pensar demasiado».[1]

En otro estudio, el Dr. John Cacioppo descubrió que el cerebro «reacciona con más fuerza a los estímulos que considera negativos. Se produce un mayor aumento de la actividad eléctrica».[2] En términos cotidianos, esto significa que nos fijamos más en lo negativo que en lo positivo. Aunque a veces es molesto, el sesgo de negatividad desempeña un papel importante en nuestra vida. Una bomba llama más la atención en un control de seguridad que el resto del equipaje. Alguien que se ahoga en una piscina abarrotada llama la atención. Una alarma de incendio provoca una reacción incluso en un concierto ruidoso. El sesgo de negatividad nos ayuda a sobrevivir físicamente, pero, si no lo dominamos, puede amenazar nuestra supervivencia emocional.

Por ejemplo, el cerebro puede considerar que la mirada de nuestro jefe es una amenaza. Recordamos todo lo que hemos hecho mal y nos imaginamos en la cola del paro. Nuestro cónyuge cierra con fuerza el armario y asumimos que está enfadado, que es difícil vivir con nosotros y que acabaremos durmiendo en el sofá con un gato gruñón. Una nueva conocida nos dice: «Lo siento, al final no puedo quedar para comer

---

1. Granneman, J.: «The Reason Introverts Might "Think Too Much"», *Introvert, Dear*, 17 de julio, 2017. Disponible en: https://introvertdear.com/news/overthinking-introverts-reason/

2. Estroff Marano, H.: «Our Brain's Negative Bias», *Psychology Today*, 20 de junio, 2003. Disponible en: www.psychologytoday.com/us/articles/200306/our-brains-negative-bias

el martes», y decidimos que le caemos mal, que somos ineptos socialmente y que deberíamos mudarnos a una isla desierta (de hecho, a los introvertidos les podría apetecer). Hasta el 70 % de nuestros pensamientos espontáneos son negativos.[3]

La tendencia de los introvertidos a la negatividad puede deberse a la vía neuronal que utilizan para procesar un estímulo, por donde pasa la acetilcolina. Como describe Lindsay Dodgson en la revista *Business Insider*, esta vía «es mucho más larga, lo que significa que un estímulo pasa por muchas partes del cerebro. Una es la ínsula frontal derecha, la parte del cerebro que se da cuenta de los errores. Los introvertidos se fijan en todo tipo de detalles, lo que les hace ser conscientes de los errores que cometen».[4] Los cerebros introvertidos también recurren más a la memoria a largo plazo, lo que facilita que conecten los fracasos pasados con las circunstancias actuales. Para nosotros, lo que ocurre en un determinado momento nunca es la historia completa. Y, a menos que tengamos un propósito, la historia que se nos ocurre puede no ser útil.

Pero no estamos a merced de nuestra mente.

Antes tenía una perra sabuesa llamada Beast y un patio entero por el que podía correr. Pero ella se ceñía a una ruta y la recorría tan a menudo que la hierba se rindió y dio paso a un caminito de tierra. Nuestros cerebros son como los sabuesos. Aunque, sí, somos capaces de realizar actividades que demandan una gran cantidad de energía, como aprender, soñar, innovar y conectar, nuestro lado «sabueso» quiere esforzarse lo menos posible. Nuestros pensamientos crean senderos mentales (vías neuronales) que se vuelven automáticos.

Las vías neuronales son útiles para montar en bicicleta, girar el pomo de una puerta o cepillarnos los dientes. Cuando lo hacemos unas cuantas veces, ya no pensamos en ello, lo que provoca que el cerebro

3. Raghunathan, R.: «How Negative Is Your "Mental Chatter"?», *Psychology Today*, 10 de octubre, 2013. Disponible en: www.psychologytoday.com/us/blog /sapient-nature/201310/how-negative-is-your-mental-chatter

4. Dodgson, L.: «What Everyone Gets Wrong about Introverts–Including Why They Are Not Antisocial or Lazy», *Business Insider*, 14 de mayo, 2018. Disponible en: www.businessinsider.com.au/what-its-like-to-be-an-introvert-and-what-every one-gets-wrong-2018-5

pueda gastar energía en cosas más importantes. Pero con los pensamientos negativos, cuando nos hablamos de una manera determinada unas cuantas veces («¡Soy idiota!»), nuestro cerebro hace que esa respuesta sea automática. No es útil, pero es el camino que presenta la menor resistencia. Esta función cerebral es la razón por la que cambiar nuestra forma de pensar resulta difícil y agotador. También es la razón por la que, cuando nos decimos «no soy idiota», al principio no parece que sea cierto. Formar una nueva vía neuronal requiere repetir la verdad durante cierto tiempo antes de que nuestras emociones se pongan al día. Como dice Tara Swart, autora de *Neuroscience for Leadership* (Neurociencia para el liderazgo): «Las conexiones y vías neuronales nuevas son frágiles y sólo a través de la repetición y la práctica pueden establecerse lo suficiente como para convertirse en comportamientos habituales o predeterminados».[5] Según Swart, este proceso lleva al menos tres meses. Resistir la vergüenza, la culpa o el impulso de abandonar cuando cambiamos nuestros pensamientos requiere tiempo, esfuerzo y energía.

El conflicto de los pensamientos negativos

El sol sale, pero yo no me levanto. Mi cuerpo permanece inmóvil, pero mis pensamientos corren en una cinta de ansiedad. ¿El dolor de mi dedo meñique del pie es lepra? ¿Y si me olvido de declarar los impuestos y voy a la cárcel? ¿Podría ser que el sonido que se escucha afuera proceda de un dron espía? Nuestra mente activa puede ser muy difícil de manejar.

Rumiación

El tipo de pensamiento que describo aquí es la rumiación, un nombre elegante para la preocupación. Se centra en nuestras circunstancias: lo que ocurrió en el pasado, lo que ocurre ahora o lo que podría ocurrir

---

5. Giang, V.: «What It Takes to Change Your Brain's Patterns After Age 25», *Fast Company*, 8 de abril, 2015. Disponible en: www.fastcompany.com/3045424/what -it-takes-to-change-your-brains-patterns-after-age-25

en el futuro. También es circular: damos vueltas y vueltas a un problema, pero nunca llegamos a una solución.

¿Cómo puedes saber si rumias? Piensa en una preocupación de tu vida y luego responde si las siguientes afirmaciones son verdaderas o falsas:

☐ Mis pensamientos sobre este tema son negativos.
☐ Repito una y otra vez los mismos pensamientos sobre este tema sin resolverlo.
☐ Cuando pienso en esto, siento culpa, vergüenza o repulsa.
☐ Cuando pienso en el papel de los demás, siento desesperanza, amargura o desesperación.
☐ Cuando pienso en este tema, me siento abrumado en lugar de empoderado.
☐ Cuanto más pienso en este tema, peor me siento.

Si para ti la mayoría de las afirmaciones son verdaderas, es probable que estés rumiando. Algunas emociones, como la tristeza, la ira, la frustración o el arrepentimiento son saludables. Pero cuando nos quedamos atrapados en ellas, perjudicamos a nuestra salud mental y física.

En la ciudad donde vivo, pusieron una rotonda cerca de mi casa. Durante semanas traté de evitarla. Pero finalmente me cansé de tomar carreteras secundarias y decidí dominar este nuevo fenómeno. Descubrí que, si no sabes cómo salir de ella, la rotonda se convierte en tu tiovivo personal, para la consternación de los demás conductores. La buena noticia es que hay formas de salir de la rumiación, y puedes aprenderlas igual que yo aprendí a conducir por esa molesta rotonda.

4 formas de dejar de rumiar

1) *Díselo a Dios y/o a otra persona.* El aislamiento lleva a la rumiación. Dejar que otra persona entre en nuestro bucle mental puede romper el ciclo.

2) *Distráete*. Podemos aprender de los extrovertidos que conocemos. Son expertos en alejar de su mente las cosas desagradables participando en actividades divertidas o significativas.
3) *Piensa en otras tres explicaciones*. Tendemos a olvidar que nuestras percepciones son sólo una explicación de los hechos. Cuando nos obligamos a pensar en historias alternativas, debilitamos la rumiación.
4) *Da un pequeño paso*. Cuando rumiamos, somos incapaces de avanzar. Para salir de la parálisis por analizar tanto las cosas, piensa en un pequeño paso que puedas dar (ganarás puntos extra si lo puedes hacer en cinco minutos o menos).

Si no puedes dejar de rumiar y esto interfiere en tu vida y tus relaciones, es posible que tengas un problema más grave, como depresión, ansiedad o trastorno obsesivo-compulsivo. Si es así, tu médico o terapeuta puede ayudarte a superar la rumiación.

Autocrítica

Mientras que la rumiación se centra en nuestras circunstancias, la autocrítica es personal. Tiene que ver con quiénes somos.

Tras haberme relacionado con miles de introvertidos, estoy convencida de que la autocrítica es una de nuestras batallas más duras. He luchado contra ella toda mi vida. Todos nos enfrentamos al menos a una mentira distintiva que nos hace caer en la trampa. La mía es: «No eres suficiente».

Otras mentiras comunes son:

«Soy egoísta».
«No hago nada bien».
«No tengo lo que hay que tener».
«Soy un fracaso».
«No merezco el amor».

Los introvertidos también dicen:
«Soy demasiado callado».
«Debería ser más extrovertido».

«No tengo tanto que aportar como [pon el nombre del colega/amigo/familiar extrovertido]».

¿Cuál es tu mentira distintiva?

En cualquier circunstancia negativa, nuestra mente lucha por encontrar una causa. Según los psicólogos, nos inclinamos a escoger una causa interna o externa. Si le atribuimos una causa interna, es probable que nos contemos una historia sobre lo ocurrido que sea interna (personal, sobre nosotros), estable (siempre será así) y global (se aplica a todas las situaciones de mi vida). Por ejemplo, si nuestro compañero de trabajo comenta que el café que hemos hecho sabe a gasoil, nos decimos: «¡Soy un incompetente!». La atribución interna nos lleva a las mentiras distintivas.

En cambio, la atribución externa considera que los acontecimientos negativos son externos (de fuera, no tienen que ver con nosotros), inestables (temporales) y específicos (identificando una causa clara que apunta a una solución). Nos decimos: «Esa cafetera es de 1984; hablaré con alguien para que pida una nueva. Y aunque no haga un gran café, he hecho una gran presentación. ¡Toma!».

Cuando atribuimos una causa interna a las circunstancias negativas, podemos desafiarnos a llegar a una versión en la que encontremos una causa externa.

Inténtalo

Piensa en un momento en el que haya ocurrido algo negativo. ¿Qué te dijiste? Si le atribuiste una causa interna (personal, estable, global), inventa otra versión donde encuentres una causa externa (de fuera, inestable, específica).

Ejemplo:

Interna: Soy demasiado callado.
Externa: El orden del día de nuestra reunión semanal del equipo estaba especialmente lleno, y Adan necesitaba la mayor parte del tiempo para actualizar el proyecto. Varias personas no pudieron

hablar. Enviaré un correo electrónico de seguimiento y, cuando volvamos a reunirnos, llevaré mis notas para sentirme preparado.

Perfeccionismo

La rumiación tiene que ver con nuestras circunstancias. La autocrítica tiene que ver con nuestra identidad. El perfeccionismo tiene que ver con nuestro *rendimiento*. La búsqueda de la perfección suele provenir del miedo al rechazo.

Fregamos el suelo para evitar que la suegra nos juzgue. Nos preparamos demasiado para la presentación para evitar que nuestro jefe nos menosprecie. Escondemos nuestras heridas y defectos para evitar que los que nos rodean piensen que no lo tenemos todo controlado.

Me llevó mucho tiempo reconocer mi vena perfeccionista. Pensaba que los perfeccionistas tenían casas inmaculadas e iban conjuntados de pies a cabeza. Pero descubrí que hay más de un tipo de perfección. La perfección estereotipada que he descrito es externa. Pero para los introvertidos, la perfección suele ser interna.

Perfeccionismo externo	Perfeccionismo interno
Se centra en lo tangible	Se centra en lo intangible
Se da cuenta de lo que no está bien en el entorno físico	Se da cuenta de lo que no está bien en el entorno emocional
Quiere solucionar problemas prácticos	Quiere solucionar problemas personales o de la gente
Se esfuerza por mantener el orden exterior (limpieza, organización) en casa y en el trabajo	Se esfuerza por mantener el orden interior (tranquilidad, autenticidad) en casa y en el trabajo
Establece un alto nivel de exigencia para las personas	Establece un alto nivel de exigencia para sí mismo
Verá cualquier desorden en la habitación	Verá cualquier desorden en las relaciones

Incluso mientras escribo esto, una voz en mi cabeza dice: «No puedes escribir este capítulo. ¿Cómo puedes ayudar a los demás si todavía sigues luchando contra el perfeccionismo?». Siento el peso de la vergüenza, que me tienta a cerrar el portátil y alejarme. Si escucho esa voz, nunca volveré a esta página. Nunca terminaré este capítulo o este libro.

Si escuchamos a nuestros críticos internos, nunca…

Nos acercaremos a alguien nuevo.

Hablaremos cuando es importante.

Mantendremos conversaciones triviales incómodas que nos conducirán a una conexión más profunda.

Abriremos la puerta de casa a un vecino.

Ofreceremos nuestro arte, nuestra sabiduría, nuestra bondad, en resumen, nuestro caótico y maravilloso ser.

¿Qué ayuda a combatir el perfeccionismo? *Hacer las cosas de todos modos*. Mientras vivamos, el miedo al rechazo nunca desaparecerá. El momento nunca será el adecuado. Los obstáculos nunca desaparecerán. Los críticos nunca se trasladarán a la Antártida a vivir sin conexión a Internet.

Vemos la perfección como una exigencia de nuestro comportamiento a cumplir «ahora mismo», «o todo o nada». Pero Dios tiene otra idea de la perfección. En griego clásico, la palabra para «perfecto» es *teleios* y describe con mayor precisión el crecimiento y la culminación. Por ejemplo, un roble es el *teleios* de una bellota.

El perfeccionismo es o todo o nada.

El crecimiento se produce poco a poco.

El perfeccionismo tiene que ver con el objetivo.

El crecimiento tiene que ver más con el viaje.

El perfeccionismo tiene que ver con las apariencias externas.

El crecimiento tiene que ver con lo que ocurre en el interior.

El perfeccionismo tiene que ver con lo que hacemos.

El crecimiento tiene que ver con en quién nos estamos convirtiendo.[6]

---

6. Gerth, H.: *You're Loved No Matter What: Freeing Your Heart from the Need to Be Perfect*. Revell, Grand Rapids, 2015, p. 157.

La conquista del pensamiento aguzado

Vivimos en un mundo distraído. La capacidad de reflexionar, concentrarse y pensar profundamente es cada vez más rara. A los introvertidos esas habilidades nos resultan más naturales, pero también podemos aguzar la mente intencionadamente. Los 100 000 millones de neuronas de nuestro cerebro tienen demasiado potencial para dejar que las ardillas dirijan el espectáculo.

Sustituye la rumiación por la reflexión

La escritora de novelas juveniles Madeleine L'Engle, en *A Circle of Quiet* (Un círculo de silencio), dice: «De vez en cuando necesito alejarme; algo me hace caer en la desproporción total, y tengo que apartarme de las personas que más quiero en el mundo».[7] Describe cómo se aleja de una casa llena y se acerca a un pequeño arroyo.

«Si me siento un rato, mi impaciencia, mi enfado y mi frustración se aniquilan, y mi sentido del humor vuelve».[8] ¿Qué hace Madeleine para que se produzca esa magia en su mente? Se da tiempo para reflexionar. La rumiación es negativa y reactiva, la reflexión es positiva y proactiva.

Rumiación	Reflexión
Negativa	Positiva
Reactiva	Proactiva
Te mantiene atascado	Te ayuda a avanzar
Se suele centrar en el pasado	Se suele centrar en el presente y el futuro
Autocrítica	Autoconciencia

7. L'Engle, M.: *A Circle of Quiet (The Crosswicks Journals)*. Farrar, Straus & Giroux, Nueva York, 1972, p. 4.
8. Ibíd.

Rumiación	Reflexión
Contribuye a la depresión y la ansiedad	Contribuye a la salud y al bienestar
Estrés	Soluciones
Inseguridad	Vivir intencionadamente
Aislamiento	Nos conecta con nosotros mismos y con Diosrelaciones

La reflexión nos deja la mente más clara, más fuertes y tranquilos. También nos regala tesoros que aplicamos al resto de nuestra vida. Experimentamos momentos de iluminación cuando se revela una solución o comprendemos el siguiente paso. Gran parte del material que escribió Madeleine L'Engle surgió de la reflexión. Si observamos los momentos clave, las innovaciones y los movimientos de la historia, a menudo encontraremos que el catalizador fue la reflexión de un introvertido. Como ya hemos dicho, nuestro mundo no ofrece muchas oportunidades para reflexionar. Tenemos agendas frenéticas, hacemos largos desplazamientos, actividades interminables y un proyecto tras otro. Vivimos en una cultura que valora la productividad exterior. La reflexión es invisible, pero a menudo es más valiosa.

En el libro *Lead Yourself First: Inspiring Leadership through Solitude* (Sé tu propio líder: cómo inspirar el liderazgo a través de la soledad), los autores entrevistan a James Mattis, un general de cuatro estrellas del cuerpo de Marines retirado. Un hombre de acción. Alguien que sabe que detenerse un segundo puede costar una vida. Una persona con una carrera construida sobre la base de saber tomar decisiones. Sin embargo, Mattis afirma: «Si tuviera que resumir el mayor problema de los altos mandos en la era de la información, diría que es la falta de reflexión».[9] El rey David, guerrero y salmista, escribe: «Medito en todas

---

9. Kethledge, R. M., Erwin, M. S.: *Lead Yourself First: Inspiring Leadership through Solitude*. Bloomsbury Publishing, Nueva York, 2018, p. 80.

tus grandes obras y pienso en lo que has hecho».[10] David desempeñó muchas funciones a lo largo de su vida (pastor, gobernante, escritor) y, en todas ellas, tomarse tiempo para reflexionar fue crucial.

Los introvertidos prosperan con la reflexión. Nuestra vía neuronal más larga funciona mejor cuando nos tomamos tiempo para procesar la información. Nuestro mundo sigue acelerado, pero los que se atreven a tomarse tiempo para pensar van por delante. La lentitud es la nueva rapidez. Pero es fácil que intentemos seguir el ritmo de los que nos rodean, especialmente los extrovertidos. Así no sólo nos agotamos, sino que también hacemos un flaco favor a aquellos que necesitan nuestras virtudes únicas.

Según la *Harvard Business Review*, «algunos estudios recientes demuestran que dedicar tiempo al silencio restaura el sistema nervioso, ayuda a mantener la energía y condiciona nuestras mentes para que sean más adaptables y respondan a los entornos complejos en los que muchos vivimos, trabajamos o dirigimos».[11] Nuestros lugares de trabajo necesitan personas dispuestas a reflexionar. Nuestras familias necesitan personas dispuestas a reflexionar. Nuestras iglesias necesitan personas dispuestas a reflexionar.

Si eres alguien que sueña, piensa profundamente, pondera y procesa las cosas, alguien que necesita considerar qué opciones tiene, que quiere tiempo para entender, que no puede responder de inmediato, que piensa en lo que le gustaría haber dicho mucho después de que la conversación termine, cuya mente es un caleidoscopio de un millón de pensamientos, entonces, por favor, sigue siendo quien eres.

La reflexión conduce a la comprensión y a la innovación, a hacer las paces y a los avances médicos, a la transformación espiritual y al arte que nos deja sin aliento. Como dice Jennifer Kahnweiler: «Cuando utilizas tu tiempo de silencio para reflexionar con calma, llegas a saber quién eres. Eres más consciente de ti mismo cuando te tomas tiempo para permitir que afloren tus pensamientos y sentimientos. Puedes eva-

---

10. Salmos 143, 5.
11. Talbot-Zorn, J., Marz, L.: «The Busier You Are, the More You Need Quiet Time», *Harvard Business Review*, 17 de marzo, 2017. Disponible en: https://hbr.org /2017/03/the-busier-you-are-the-more-you-need-quiet-time

luar tus motivaciones, aprovechar tus valores, reconocer tus puntos fuertes y trabajar tus puntos débiles. Ser consciente de ti mismo significa que puedes tomar mejores decisiones sobre cómo influir en los demás y cómo reaccionar ante los que intentan influir en ti».[12]

Autocoaching

Cuando reflexionamos, es importante que seamos proactivos con nuestros pensamientos. De lo contrario, corremos el riesgo de que vuelvan a derivar hacia un territorio poco útil. Tenemos que silenciar la voz negativa de nuestro interior para poder escuchar lo que sale de los espacios tranquilos de nuestra vida.

Lo contrario de la autocrítica es el autocoaching. Parece una de esas palabras sensibleras que nos hacen sospechar. Pero autocoaching no es autocompasión. La compasión se siente por alguien; el coaching es amabilidad y empatía más acción. La mayoría de los introvertidos que conozco son amables con los demás; sólo tenemos que aplicarnos esa amabilidad a nosotros mismos.

Muchos introvertidos temen relajarse con el autocoaching, aunque contamos con nuestro crítico interior para mantenernos motivados. Los estudios demuestran que la autocrítica conduce a una menor motivación y autocontrol, mientras que con el autocoaching los introvertidos tienen más probabilidades de alcanzar sus objetivos.[13] Otros beneficios del autocoaching son:

• Menor nivel de depresión, ansiedad y rumiación.
• Mayor capacidad para afrontar las emociones negativas.
• Más emociones positivas como felicidad, sabiduría y conexión.
• Aumento del optimismo.
• Más iniciativa personal.

---

12. Kahnweiler, J. B.: *Quiet Influence: The Introvert's Guide to Making a Difference.* Berrett-Koehler Publishers, San Francisco, 2013, p. 38.
13. Wilding, M.: «Why Successful People Choose Self-Compassion Over Self-Esteem», *Medium*, 15 de mayo, 2018. Disponible en: https://medium.com/better-humans/why-successful-people-choose-self-compassion-over-self-esteem-b89b9c3567c1?__s=fzxzzhsktp88bdxfqsi5

Dado que los introvertidos tenemos una gran autoconciencia, somos excelentes para hacer autocoaching una vez que decidimos que es útil y necesario. Cuando tu crítico interior grite mucho, haz una pausa y pregúntate: «¿Le diría esto a alguien a quien quiero?». Si no se lo dirías, tampoco debes decírtelo a ti.

Céntrate en el flujo

La reflexión y el autocoaching suelen abrir la puerta a nuestro mejor trabajo. Nuestra mente activa alcanza su mejor momento cuando estamos inmersos en lo que el psicólogo e investigador Mihaly Csikszentmihalyi llama «un estado de flujo». Imagina a un escultor trabajando con arcilla, a un novelista sumergido en el mundo que está creando, a un atleta corriendo hacia la meta, a un contable conquistando una compleja hoja de cálculo. El flujo se produce «cuando el cuerpo o la mente de una persona se esfuerza al máximo voluntariamente para lograr algo difícil y que merezca la pena».[14]

Csikszentmihalyi desarrolló el concepto de flujo en la década de 1980 cuando estudiaba el impacto de los comportamientos cotidianos en el bienestar psicológico. Llevar a las personas a un laboratorio y preguntarles «¿Cómo te sentiste cuando hiciste esta actividad en particular?» no aportaba muchos resultados precisos, así que decidió darles a los participantes del estudio un busca (todo un avance tecnológico en aquella época). Cuando el busca sonaba, los participantes registraban qué estaban haciendo y cómo se sentían. Una de las mayores revelaciones del estudio fue que los seres humanos son más felices cuando están en estado de flujo que cuando se relajan o se divierten. En el flujo, la rumiación se detiene, nuestro crítico interior se calla y no nos centramos en la perfección, sino en la excelencia. No sólo se entra en estado de flujo cuando se está trabajando ni sólo lo hacen quienes son creativos. Entramos en estado de flujo siempre que estamos absortos en lo que hacemos, utilizando las virtudes que Dios nos ha dado, y sintiéndonos desafiados y capaces a la vez. Haz una pausa y pregúntate: ¿cuándo estoy tan metido en lo que hago que pierdo la noción del tiempo?

---

14. Csikszentmihalyi, M.: *Flow: The Psychology of Optimal Experience*. Harper Perennial Modern Classics, Nueva York, 2008, p. 3.

Ése es tu estado de flujo.

Marcus Buckingham, el investigador que conociste en el capítulo sobre la felicidad, también habla del flujo (aquí utiliza el ejemplo de una mujer, pero se aplica también a los hombres).

Una mujer fuerte siente que sigue aprendiendo y creciendo, independientemente de su edad. Puede que esté tomando clases en el trabajo o en casa, o puede que simplemente aprenda con la experiencia, pero no importa de dónde venga el crecimiento, ella siente que está mejorando en algo. Y esta sensación de crecimiento va acompañada de una capacidad de concentración. El tiempo, dice, parece acelerarse y, muchas veces, levanta la vista después de lo que parecen cinco minutos y descubre que ha pasado una hora entera. Los psicólogos califican esta sensación de «flujo». Es una de las señales más importantes de que estás viviendo una vida intensa.[15]

Escoge el pensamiento aguzado

Sin Katherine Johnson, es posible que el hombre no hubiera puesto los pies en la luna. Trabajaba de matemática en la NASA en la década de 1960 y no tenía ordenador. Ella hacía de ordenador y hacía sus cálculos con un lápiz, una regla de cálculo y su brillante cerebro.

A pesar de sus contribuciones, la historia de Katherine no se contó hasta que se estrenó la película *Figuras ocultas* (2016), que puso de relieve a un grupo de mujeres negras, incluida Katherine, que trabajaron en la NASA durante los días de gloria del programa espacial.

«Desde su más tierna infancia, Katherine contaba cosas: el número de platos que había en la alacena, el número de pasos de camino a la iglesia y, por muy insuperable que fuera la tarea para una persona lo suficientemente mayor como para sentirse intimidada, el número de

---

15. Buckingham, M., *op. cit.*, p. 53.

estrellas que había en el cielo».[16] También se leía un libro de la biblioteca local al día.

En un momento de la historia en el que Katherine podría haber dejado que los mensajes negativos sobre su género y su raza la debilitaran, optó por fortalecer su mente siempre que podía. Por eso, cuando la oportunidad de su vida llamó a la puerta, estaba más que preparada.

La mayoría de nosotros nunca trabajará en la NASA, pero creo que todos tenemos cerebros que han sido creados con un propósito. Tenemos el cerebro exacto que necesitamos para *nuestra* vida. Tanto si nos consideramos brillantes como si no nos fue muy bien en la escuela, fuimos creados con una mente introvertida activa que nos permite pensar, reflexionar, servir, conectar, adaptar, imaginar y crecer de forma poderosa.

Entrenar nuestro cerebro es una tarea que dura toda la vida. «Me gusta aprender», dijo Katherine a sus casi cien años. «Es un arte y una ciencia. Siempre me interesa aprender algo nuevo».[17]

---

16. Fox, M.: «Katherine Johnson Dies at 101; Mathematician Broke Barriers at NASA», *New York Times*, 24 de febrero, 2020. Disponible en: www.nytimes.com /2020/02/24/science/katherine-johnson-dead.html

17. DeSantis, R. «Katherine Johnson, NASA Mathematician and Hidden Figures Inspiration, Dies at 101», *People*, 24 de febrero, 2020. Disponible en: https:// people.com /human-interest/katherine-johnson-dies-at-101/

10

LA PERCEPCIÓN PERSPICAZ

Si eres una persona muy sensible, tu cerebro puede ser la máquina social más potente del universo conocido.

ANDRE SÓLO

Sensibilidad ignorada	Percepción perspicaz
Conflicto	Conquista

Piensa en el mejor puré de patatas que hayas comido nunca: cremoso, mantecoso, reconfortante. El de Joël Robuchon sería mejor, o eso dicen los críticos que lo apodaron «el cocinero del siglo».[1] Robuchon, un chef francés, acumuló la cifra sin precedentes de 32 estrellas Michelin, el mayor galardón gastronómico.

Ese logro comenzó en un lugar humilde: la cocina de un seminario. Cuando se preparaba para el sacerdocio, Robuchon cocinaba con las monjas. A los quince años, descubrió que su verdadera vocación no era estar en un púlpito, sino entre ollas y sartenes.

---

1. Daley, J.: «Joël Robuchon, The World's Most Michelin-Starred Chef Who Transformed the Mashed Potato», *Smithsonian*, 7 de agosto, 2018. Disponible en: www.smithsonianmag.com/smart-news/chef-century-joel-robuchon-potato-180969892

Jiro Ono, renombrado maestro del sushi, dijo a sus 85 años: «Cuando pienso en alguien con un sentido del gusto y del olfato muy aguzado, la primera persona que me viene a la cabeza es el gran chef francés Joël Robuchon. Me gustaría ser tan sensible como él. Tengo muy buen olfato, pero él está en otro nivel. Su sensibilidad es muy alta. Si yo tuviera su lengua y su nariz, probablemente haría una comida aún mejor».[2]

Esta cita me llamó la atención porque se refería a la sensibilidad no como algo que hay que arreglar, sino como algo que hay que envidiar. Por sensibilidad, no me refiero a sentimientos intensos, sino a la capacidad de discernir detalles que otros pasan por alto. Aunque todos los introvertidos tienen una mente activa, cada uno tiene áreas *especialmente* activas. Katherine Johnson, por ejemplo, tenía sensibilidad matemática. Esta característica nos lleva a menudo al campo en el que trabajamos, entonces prosperamos, tenemos éxito y experimentamos el flujo.

Joël Robuchon tenía una gran sensibilidad a los sabores y olores, lo que le ayudó a destacar como chef. Warren Buffet es sensible desde el punto de vista financiero. Michael Phelps tiene sensibilidad atlética. Un diseñador de interiores que discierne las sutiles diferencias entre mil tonos de rojo es visualmente sensible. Un terapeuta experto en el diagnóstico de clientes con problemas es psicológicamente sensible.

En nuestra cultura, la palabra *sensibilidad* está asociada a un estereotipo inexacto, por lo que la gente a veces duda en utilizarla para describirse a sí misma. Así que, de ahora en adelante, también utilizaré la palabra *percepción*, que significa «tener una visión sensible». Me referiré a los introvertidos que tienen un área específica de sensibilidad como Personas Específicamente Perceptivas (PEP) y a los que son altamente sensibles como Personas Altamente Perceptivas (PAP).

2. Wai, J.: «The World's Greatest Sushi Chef Says You Should Never Have a "Plan B"». *Business Insider*, 5 de marzo, 2013. Disponible en: www.businessinsider .com/ sushi-chef-says-give-your-life-to-your-craft-2013-3

Personas Específicamente Perceptivas

Para identificar tu(s) área(s) específica(s) de percepción, hazte estas tres preguntas:

¿Cuándo presto atención a los detalles que otros parecen pasar por alto?
¿Cuándo estoy más concentrado en lo que hago?
Cuando alguien me pide consejo, ¿qué suele preguntarme?

Tus respuestas a estas preguntas indican posibles áreas de sensibilidad/percepción.

Si tienes múltiples áreas de sensibilidad, entonces podrías ser una persona altamente perceptiva (PAP), también conocida como persona altamente sensible (PAS). Estas personas «reaccionan más intensamente a las experiencias que la media. Procesan la información, tanto positiva como negativa, con mayor profundidad, por lo que pueden verse fácilmente abrumadas por estímulos como ruidos fuertes, multitudes y situaciones de gran presión».[3]

Personas Altamente Perceptivas

Contesta sí o no a las siguientes preguntas. Si no estás seguro, elige la respuesta con la que más te identifiques, aunque haya excepciones.

☐ A menudo soy el primero en notar que alguien no está bien.
☐ Recuerdo claramente los detalles sensoriales (lo que veo, oigo, pruebo, toco, huelo).
☐ A veces me «contagio» de las emociones de los demás como si fueran un resfriado.

---

3. Granneman, J. «What's a Highly Sensitive Person?». *Introvert, Dear*. Disponible en: https://introvertdear.com/highly-sensitive-person-elaine-aron-quiz/

☐ Tengo un umbral bajo para el dolor físico y/o reacciono a la medicación.

☐ Me gusta lo que minimiza la estimulación externa (tapones para los oídos, máscaras para los ojos, mantas con peso).

☐ Consumo menos cafeína que otras personas porque me afecta mucho.

☐ No funciono al máximo cuando mi agenda está llena.

☐ Prefiero no hacer varias cosas a la vez ni dividir mi atención.

☐ A menudo anhelo el silencio total y la quietud.

☐ Necesito comer entre horas o me pongo de mal humor.

☐ Estoy muy en sintonía con lo que ocurre en mi vida interior.

☐ Reacciono mal a los cambios repentinos o a las sorpresas.

☐ Conozco todas las formas de hacer que una sala sea relajante.

☐ No entiendo por qué la gente disfruta con las historias o los programas de crímenes.

☐ Me han dicho que soy concienzudo y/o que tengo una gran imaginación.

Total de respuestas afirmativas:

0-5: No eres una persona altamente perceptiva.
6-10: Tienes algunas tendencias de alta percepción.
11-15: Eres una persona altamente perceptiva.

Veamos más de cerca la percepción

El 20 % de la población es altamente sensible, y esta característica está presente por igual en mujeres y hombres.[4] Aunque los extrovertidos también pueden ser altamente sensibles, el 70 % de los PAP son introvertidos. Si tú no lo eres, es probable que tengas un cónyuge, un hijo, un amigo o un compañero de trabajo que lo sea, y esta información puede ayudarte a relacionarte con él.

---

4. Aron, E. N.: *The Highly Sensitive Person: How to Survive When the World Overwhelms You*. Kensington, Nueva York, 1997, prefacio.

Como ya hemos mencionado antes, a los introvertidos les afecta más el entorno externo, especialmente las personas. En las PAP, ese impacto se magnifica. El volumen sube. El objetivo se aproxima más. La intensidad aumenta. Para las PEP, esto ocurre en su área de percepción.

Por ejemplo, todos tenemos lo que los científicos llaman neuronas espejo, que nos ayudan a entender lo que hacen, piensan o sienten los demás. Si estás con un amigo triste, tus neuronas espejo te permiten relacionarte con su tristeza y experimentarla. En el cerebro de los PAP, las neuronas espejo están más activas en las áreas que se encargan del procesamiento emocional y social. Por lo tanto, les impactan más los estados de ánimo y el dolor de los demás (incluso si lo que ocurre es en la televisión o en un libro).

Si eres una PEP, tu cerebro actúa de forma similar en tu área específica de sensibilidad. Por ejemplo, un estudio realizado con chefs como Joël Robuchon demostró que su pericia residía en el cerebelo (una zona del cerebro responsable del aprendizaje motor/cognitivo, las habilidades que los chefs utilizan cuando trabajan con la mente y las manos). Según el investigador Antonio Cerasa, «otros grupos profesionales, como los matemáticos, los taxistas [...], los escaladores, los ajedrecistas y los sumilleres, también se caracterizan por unos cambios de plasticidad neuronal similares».[5] Las vías neuronales del cerebro reflejan tus sensibilidades específicas.

El aumento de la sensibilidad de las PAP parece estar relacionado con la corteza prefrontal ventromedial, que «está conectada a varios sistemas vinculados a tus emociones, tus valores y el procesamiento de datos sensoriales. Cuando decimos que las personas altamente sensibles "procesan las cosas más profundamente que otras", es muy probable que ocurra en esta parte del cerebro».[6]

---

5. «The Chef's Brain», *Neuroscience News*, 4 de marzo, 2017. Disponible en: http://neuroscience news.com/chef-neurobiology-6196/

6. Sólo, A.; «This Is the Difference between a Highly Sensitive Brain and a "Typical" Brain», *Highly Sensitive Refuge*, 19 de diciembre, 2018. Disponible en: https://highlysen sitiverefuge.com/highly-sensitive-person-brain/

Nuestro sensible cerebro introvertido puede abrumarnos, pero también ofrece virtudes notables. Como dice la bloguera Elizabeth Coyle, «la próxima vez que alguien te diga que eres demasiado sensible, recuerda que está diciendo que amas con fuerza, escuchas y experimentas la vida plenamente. Eres un ser humano conectado con los demás».[7]

El conflicto de la sensibilidad ignorada

Cuando Mark y yo, que acabábamos de casarnos, salíamos a hacer recados, a veces él exclamaba: «¡Vaya, mira eso!». Como recién casada insegura, suponía que había visto a una supermodelo en bikini merodeando fuera de la tienda de comestibles. Pero Mark siempre señalaba un coche, como un Ferrari o un Porsche. Me hablaba de los méritos del vehículo: motor potente, diseño bonito, volante que responde al más mínimo toque. Cuanto terminaba de alabar el coche, me explicaba qué había que hacer para cuidarlo adecuadamente, que no era precisamente un simple cambio de aceite a cada 5 000 kilómetros.

Los introvertidos tenemos al menos un área de sensibilidad, y nuestros sistemas nerviosos funcionan como un Ferrari o un Porsche. Requieren un cuidado extra. Lo que los introvertidos, especialmente los PAP, tienen que evitar es verse abrumados en sus áreas de sensibilidad. Según la Dra. Elaine Aron, «todos tenemos una cantidad de información o estimulación limitada que podemos recibir antes de vernos sobrecargados, sobreestimulados, sobreexcitados, abrumados o, simplemente, ¡sobrepasados! [Los introvertidos] sólo llegamos a ese punto antes».[8] Cuando oímos esto, es fácil pensar que somos más débiles. Pero es todo lo contrario.

Imagina que tú y yo vamos juntos al gimnasio a hacer *curl* de bíceps. Yo cojo mancuernas de dos kilos y tú, de diez. Después de quince repeticiones, dices: «Uf, ya no puedo más». Yo, con mis mancuernas de

---

7. Coyle, E.: «When You Say I'm "Too Sensitive", You Make Me Feel like a Burden», *Introvert, Dear*, 27 de junio, 2018. Disponible en: https://introvertdear.com/news/dont-call-a-highly-sensitive-person-too-sensitive/

8. Aron, E. N., *op. cit.*, nota de la autora.

dos kilos, digo: «¿Qué? ¡Eres muy débil! Yo voy bien». Me mirarías como si hubiera perdido la cabeza. Levantar diez kilos no es lo mismo que levantar dos.

Cuanto más sensibles somos, nuestro cerebro y nuestro sistema nervioso más captan las emociones, el ruido, la luz, la tensión o el lenguaje corporal. Por supuesto, llegamos más rápido a nuestro límite. Si no entendemos esto o no sabemos cómo explicarlo a los demás, nos creemos mentiras como «ser sensible significa ser débil». Y, entonces, ser un introvertido perceptivo se convierte en una debilidad porque no respetamos nuestro límite. Yo, de hecho, levanto pesas. Hace unas semanas, aumenté la cantidad demasiado rápido y, cuando me empezó a doler el hombro, lo ignoré. Me lesioné y tuve que dejar de hacer ejercicio mientras me curaba. Los introvertidos entran en un ciclo similar:

El objetivo es sustituir este ciclo por:

Es importante que conozcas y respetes tu límite. Recuerda el levantamiento de pesas: has levantado más peso que los demás. Aunque tengas que terminar antes, no estás abandonando. Sólo has terminado tu entrenamiento.

Cuando alcanzas tu límite, es el momento de recuperarte. Ve a un lugar con la menor estimulación posible. Los introvertidos, especialmente las PAP, a menudo van a la cama. No para dormir –aunque eso ayuda–, sino porque es el lugar de la casa con menos estímulos. Si estás en la oficina, busca una sala vacía y cierra la puerta durante cinco minutos. Enciérrate en el baño si es necesario, como han hecho muchos introvertidos antes que tú. Lo que sea necesario.

Cuando empecé a levantar pesas, el instructor nos dijo que saltarse la recuperación impedía que progresáramos y aumentaba el riesgo de lesionarnos. El cerebro y el sistema nervioso también necesitan un período de recuperación.

También corro, y hace poco empecé a sentir una punzada en la rodilla derecha. Cuando busqué qué debía hacer, apareció la misma palabra: recuperación. Un artículo decía: «Tienes que hacerte una pregunta. Sobrevivir al día de descanso puede requerir madurez mental: *¿la tengo?*».[9]

No podía dejar de pensar en esa pregunta, no sólo en lo que respecta a mi cuerpo, sino también a mi introversión. Nunca se me había ocurrido que se necesitara madurez mental para respetar nuestros límites. La verdadera fuerza no consiste en apretar los dientes e ignorar nuestro límite y nuestro dolor, sino en decir: «Esto es todo lo que puedo hacer por ahora. Ya basta. Ya me basta».

Nunca te disculpes por tu sensibilidad, sea cual sea. No es una debilidad. No es un defecto. No es algo que debas cambiar. Es como Dios te ha hecho.

La conquista de la percepción perspicaz

Elaine Aron cree que, para prosperar, las culturas necesitan «asesores». Dice que las PAP «tienden a desempeñar ese papel de asesores. Somos escritores, historiadores, filósofos, jueces, artistas, investigadores, teólogos, terapeutas, profesores, padres y simples ciudadanos conscientes. Lo que aportamos a cualquiera de estos papeles es una tendencia a pensar en todos los posibles efectos de una idea».[10]

Las PAP y las PEP también pueden ser líderes poderosos. Melody Wilding, profesora y *coach* ejecutiva de personas sensibles de alto rendimiento, afirma: «Cuando piensas en la persona más exitosa que conoces, ¿qué cualidades encarna? Es probable que te asombre su ingenio y su capacidad creativa para resolver problemas. O tal vez te impresionen su inteligencia emocional y su capacidad de ninja de conectar con

9. Amy Stone, A.: «Ways That Runners Can "Survive" Rest Days», *Women's Running*, 22 de julio, 2016. Disponible en: www.womensrunning.com/2016/07/ training/ways -that-runners-can-survive-rest-days_62679
10. Aron, E. N., *op. cit.*, p. 16.

la gente. Las personas sensibles son grandes líderes. Se les clasifica constantemente como los que más rinden».[11]

El presidente estadounidense Abraham Lincoln (PAP) tenía una sensibilidad hacia la injusticia que le motivó a acabar con la esclavitud. Martin Luther King Jr. también tenía características de PAP. Cuando recogió el bastón de la igualdad racial que Lincoln empuñó por primera vez durante la Guerra Civil, dijo: «La oscuridad no puede expulsar a la oscuridad: sólo la luz puede hacerlo. El odio no puede expulsar al odio: sólo el amor puede hacerlo».[12]

Cuando valoramos algo, nuestra sensibilidad se transforma en el acero de la convicción. Esta convicción es lo bastante fuerte como para permitir que un presidente lidere un país durante una guerra. Es lo bastante resistente como para hacer que un hombre que nunca deseó ser el centro de atención declare: «Tengo un sueño». Es lo bastante convincente como para permitirte ir a lugares, tener conversaciones y lograr victorias que nunca creíste posibles.

6 virtudes de las personas perceptivas (PAP/PEP)

1) *Relaciones*. Son grandes amigos, padres y socios comerciales. Son conscientes de lo que ocurre en la mente y la vida de quienes les rodean. Son atentos y receptivos a las necesidades.
2) *Conciencia*. Perciben las emociones de los demás o tienen una capacidad excepcional para el detalle en las tareas. Dotados para crear excelencia y/o hacer que la gente se sienta escuchada y comprendida.
3) *Consideración*. Se dan cuenta de cómo las acciones repercuten en los demás. Piensan en el pasado, el presente y el futuro a la hora de idear soluciones y pueden tener una gran capacidad estratégica.

---

11. Wilding, M.: «How to Thrive as a Highly Sensitive Person», *Medium*, 1 de marzo, 2018. Disponible en: https://medium.com/s/story/how-to-thrive-as-a-highly-sensitive-person-7e2201b7919d

12. King Jr., M. L.: *A Testament of Hope: The Essential Writings and Speeches*. HarperOne, San Francisco, 2003, p. 594.

4) *Perspicacia.* Absorben enormes cantidades de información a través de sistemas nerviosos muy activos, por lo que «simplemente» saben lo que ocurre. Aportan una capa más profunda de discernimiento en la toma de decisiones.

5) *Valor.* Tiernos y duros. La bondad exige valentía, ayudar a los demás requiere riesgo, utilizar las virtudes con excelencia requiere agallas. Se sienten obligados cambiar las cosas en el mundo.

6) *Saber vivir plenamente.* No están desvinculados, desconectados o hacen lo mínimo. Están comprometidos con la gente, con un trabajo digno y/o con un propósito mayor.

Escoge la percepción perspicaz

Saundra Dalton-Smith (médica y PAP) llegó a un punto de inflexión con su sensibilidad durante la carrera de medicina. Un día, mientras hacía la ronda con sus compañeros y el jefe de residentes, se detuvo para verter agua en el vaso de una paciente. El jefe de residentes la reprendió y Saundra se preguntó en silencio, una vez más, si su sensibilidad sería un lastre en la carrera que había elegido. ¿No se suponía que los médicos debían ser profesionalmente objetivos y no personalmente observadores?

Al final del día, el grupo volvió a la habitación de la paciente. Esta vez, el médico que la trataba, el superior del jefe de residentes, le sirvió agua. Entonces le preguntó a Saundra por qué lo había hecho esa mañana.

En una larga exhalación, las palabras se liberaron. Le conté que había notado que tenía los labios secos y que se los había lamido varias veces cuando hablaba con el grupo. Le expliqué que la había visto mirar hacia el agua mientras hablábamos de su caso. Mientras observaba su interacción con el equipo médico, me di cuenta de su reticencia a hacer preguntas y de cómo se disculpaba cada vez que pedía al personal que hiciera las cosas más básicas por ella. «Sabía que no iba a tocar el timbre para que la enfermera le diera agua, así que se la di yo», dije.[13]

13. Hughes, D. J.: *Sensitive and Strong: A Guide for Highly Sensitive Persons and Those Who Love Them.* Harvest House, Eugene, Oregon, 2019, pp. 12-13.

La respuesta del médico cambió para siempre la forma en que Saundra veía su sensibilidad. «Has percibido lo que no se decía. Es una cualidad que muchos médicos tardan años en desarrollar, pero para algunos es un don divino».[14]

Si eres una PAP o PEP, nunca subestimes el impacto de una palabra sabia en un amigo dolido, la excelencia y la integridad en un proyecto de trabajo, la amabilidad en un extraño, o el liderazgo intencional que une y cura. Tener un corazón blando y una mente receptiva en un mundo duro y cerrado es de valientes, no de débiles.

Busquemos nuestras áreas específicas de sensibilidad y dediquémonos a ellas, ya sea haciéndonos médicos o haciendo el mejor puré de patatas del mundo. La Guía Michelin dice que Joël Robuchon «ha sido el mentor y la figura paterna de generaciones de chefs».[15]

Sí, habrá desafíos y críticas, incomodidad y hastío. También habrá victorias y sorpresas, triunfos y avances. Podremos con todo.

La sensibilidad es la nueva fuerza.

14. Ibíd., p. 13.

15. Goh, K.: «The Legacy of Legendary French Chef Joël Robuchon Lives On», *Michelin Guide*, 24 de diciembre, 2018. Disponible en: https://guide.michelin.com / en/article/features/the-legacy-of-legendary-french-chef-joel-robuchon-lives-on

11

LA ENERGÍA CONSCIENTE

Yo era una introvertida con asma. ¿Y ahora? Sigo siendo una introvertida con asma, pero puedo levantar 100 kilos, hacer llaves de judo, empujar 180 kilos con la cadera y hacer 10 dominadas seguidas.

BRIE LARSON, QUE ENCARNA LA PRIMERA SUPERHEROÍNA
DE MARVEL CON PELÍCULA PROPIA

Energía insuficiente	Energía consciente
Conflicto	Conquista

Cuando Jordann Brown se graduó en la universidad, no salió sólo con un diploma. Con sólo 23 años, también tenía más de 50 000 dólares de deuda estudiantil y personal. «Crecí con la idea equivocada de que iría a la universidad, conseguiría un trabajo estupendo nada más salir y me pasaría el resto de la vida viajando, comprando lo que quisiera y, en general, viviendo "mi sueño". Por desgracia, debido a algo llamado realidad, es imposible llevar ese estilo de vida. Aunque he tomado las decisiones "correctas", he acabado con un montón de deudas que me impiden tener mi estilo de vida ideal».[1]

---

1. Woodruff, M., Warner, A.: «10 Real People Who Are Winning Their Fight with Debt», *Business Insider*, 29 de junio, 2013. Disponible en: www.business insider. com/people-who-got-out-of-debt-2013-6

Jordann sigue trabajando duro para pagar lo que debe, un proceso doloroso. Su historia no es única. El estadounidense medio debe unos 40 000 dólares, sin contar la hipoteca.[2]

Aunque la mayoría somos conscientes de la deuda en términos financieros, a menudo pasamos por alto otro tipo de deuda. ¿Qué recurso vale más que el dinero? La energía. En mi encuesta, los introvertidos mencionaron a menudo que no tenían suficiente energía. Esto parece especialmente cierto cuando intentamos seguir el ritmo de los extrovertidos. ¿Son ricos en energía, y nosotros pobres?

Aunque lo parezca, la respuesta es no. Los extrovertidos tienen más energía *externa*. Pero los introvertidos tienen más energía *interna*. Cuando se trata de recursos energéticos, estamos prácticamente igualados. Pero nos diferenciamos en lo que «cuesta energía». Realizar ciertas actividades (socializar) a los introvertidos les cuesta energía, mientras que los extrovertidos la ganan. En cambio, hay otras actividades (trabajar solo en un proyecto) que a los extrovertidos les cuesta realizarlas, pero para los introvertidos son como una inyección de energía. Tenemos una economía energética personal y, si no entendemos cómo equilibrar nuestra cuenta, acabamos agotados.

Veamos más de cerca la energía

Verdadero o falso: utilizas un 10 % de tu cerebro.

A pesar de la prevalencia de este mito, es falso. No utilizamos el 100 % de nuestro cerebro a la vez, pero sí lo utilizamos todo, lo que requiere mucha energía. El Dr. Marcus Raichle (profesor de medicina) afirma: «Como consumidor de energía, el cerebro es el órgano más caro que tenemos».[3] La mente utiliza aproximadamente el 20 % de

---

2. Leonhardt, M.: «Here's How Much Debt Americans Have at Every Age», *CNBC*, 20 de agosto, 2018. Disponible en: www.cnbc.com/2018/08/20/how-much-debt-americans-have-at-every-age.html

3. Heid, M.: «Does Thinking Burn Calories? Here's What the Science Says», *Time*, 19 de septiembre, 2018. Disponible en: https://time.com/5400025/does-thinking-burn-calories/

nuestra energía, más que cualquier otra parte de nuestro cuerpo. Hoy quemarás unas 320 calorías pensando.

Cuanto más difícil es una tarea, más energía utiliza nuestro cerebro. Tiene sentido que los introvertidos, que tienen mentes más activas, gasten más energía cerebral. En nuestra cultura, podemos considerar que pensar, analizar y soñar despiertos es «no hacer nada». Pero este extracto de la revista *Time* nos aporta una perspectiva diferente:

Te pasaste el domingo en el sofá, viendo tus redes sociales y la televisión. El lunes en el trabajo ya fue otra cosa; tu trabajo implica que resuelvas problemas de forma creativa y otras actividades mentales difíciles. ¿La capacidad intelectual extra que utilizas en el trabajo quema más energía que la que utilizas el domingo viendo repeticiones del programa *Remodelación en pareja*?

«La respuesta básica es sí», afirma Ewan McNay, profesor asociado de psicología y neurociencia del comportamiento en la Universidad de Albany. «De hecho, durante una tarea cognitiva intensa quemarás más energía que si te quedas dormido».[4]

Aunque McNay aclara que la diferencia es pequeña (lo siento, pensar mucho no sirve como dieta), es suficiente para que los investigadores la detecten.

Otro ejemplo: los grandes maestros de ajedrez. Mikhail Antipov, un gran maestro ruso de 21 años, quemó 560 calorías jugando al ajedrez durante dos horas. Robert Sapolsky, que investiga el estrés en la Universidad de Stanford, descubrió que los ajedrecistas queman hasta 6 000 calorías al día, responden al estrés igual que los deportistas de élite y «mantienen la presión arterial durante horas en el mismo rango que encontramos en maratonistas profesionales».[5]

---

4. Ibíd.
5. Kumar, A.: «The Grandmaster Diet: How to Lose Weight While Barely Moving», *ESPN Internet Ventures*, 13 de septiembre, 2019. Disponible en: www.espn.com/espn/story/_/id/27593253/why-grandmasters-magnus-carlsen-fabiano-caruana-lose-weight-playing-chess

Antes de tirar las zapatillas, piensa que los grandes maestros del ajedrez ahora creen que la forma física es esencial para su éxito, e incluso acuden a centros de entrenamiento olímpico para optimizar el cuerpo y, así, ayudar a sus activas mentes.

Los introvertidos invertimos tiempo procesando, creando o pensando, y luego nos frustramos con nosotros mismos. «¿Por qué estoy cansado?», nos preguntamos. «No he hecho nada». Pero eso es tan falso como la idea de que sólo utilizamos el 10 % del cerebro. Pensar es una actividad legítima, especialmente para los introvertidos. Gasta energía igual que lo haría acudir a un acto social, jugar un partido de baloncesto o hacer una llamada a un posible cliente. Tenemos que ampliar nuestra perspectiva de lo que significa «ocupado» para incluir en ella tanto el cuerpo como el cerebro.

Aproximadamente dos tercios de la energía que utiliza el cerebro se destina a los impulsos eléctricos que ayudan a las neuronas a comunicarse. Los neurotransmisores desempeñan un papel importante en ese proceso. La red de recompensa basada en la dopamina, que hace que las personas «se vuelvan más habladoras, estén más atentas a su entorno y quieran asumir riesgos y explorar el medio ambiente», es más activa en los extrovertidos.[6]

Un repaso rápido: la dopamina da energía a los extrovertidos, pero sobrecarga a los introvertidos. La acetilcolina (otra sustancia química del cerebro que nos hace sentir bien) se libera cuando hacemos introspección o actividades más tranquilas. Aunque los introvertidos también podemos ser aventureros y nos puede gustar la diversión, las actividades de menor energía nos hacen sentir mejor. A los extrovertidos les puede parecer que estamos «cansados», pero es sólo una forma diferente de disfrutar de la vida.

La acetilcolina se relaciona con el sistema nervioso parasimpático, que los introvertidos prefieren. Cuando el sistema nervioso parasimpático se activa, nuestro cuerpo responde relajando los músculos, bajando el ritmo cardíaco y la presión arterial para conservar la energía. El sis-

6. Granneman, J.: «Why Introverts and Extroverts Are Different: The Science», *Quiet Revolution*, consultado el 31 de marzo, 2020. Disponible en: www.quietrev. com/why-introverts-and-extroverts-are-different-the-science

tema nervioso simpático hace lo contrario. El estado de alerta aumenta, el azúcar en la sangre sube y nuestros músculos se preparan para la acción (sin embargo, el pensamiento disminuye). El sistema nervioso simpático crea energía externa. Todos utilizamos *ambos* sistemas nerviosos, pero los introvertidos y los extrovertidos difieren en cuál es el dominante, con sus consecuencias.

El conflicto de la energía insuficiente

Me pasé. Ya debería saberlo. Me dejé llevar por la diversión: las risas, las conversaciones, las luces, la música, la inusual sensación de estar en un sitio «guay» un viernes por la noche. Me despierto con la cabeza palpitante, el cuerpo dolorido y un profundo deseo de volver a enterrarme bajo las sábanas.

No, no bebí demasiado. Vi demasiada gente. Tengo un grave déficit de energía. O, dicho de otra forma, tengo una fuerte resaca del introvertido.

Descubrí este término al buscar por qué a veces me sentía tan mal después de hacer algo social: no sólo fiestas, también retiros, congresos, vacaciones en grupo, largos días de reuniones. Lugares en los que, o bien me sentía tentada a socializar demasiado, o bien no podía escapar cuando necesitaba un descanso. En cualquier caso, las consecuencias seguían siendo las mismas. Sobrevivía, pero luego lo pagaba.

¿Por qué ocurre esto? Porque, como acabamos de decir, los introvertidos se sienten mejor con el neurotransmisor acetilcolina que con la dopamina. Pero los acontecimientos sociales inundan nuestro cerebro de dopamina. Estamos «borrachos de dopamina», viviendo como adolescentes en vacaciones, todo entusiasmo y ninguna evaluación de las consecuencias a largo plazo.

7 síntomas de la resaca del introvertido

1) *Juras que no te relacionarás nunca más con nadie.* Ni siquiera con las personas que adoras. Eso te hace sentir que eres una persona

horrible. ¿Por qué huyes de tu querida familia y de tus amigos más cercanos? Porque tienes una resaca del introvertido. Recuerda: No son las personas. Es tu sistema nervioso, que está sobrecargado por la estimulación externa. Y las personas, incluso las más maravillosas, son muy estimulantes.

2) *Cuando alguien intenta hablar contigo, te cuesta concentrarte o formar frases completas.* Cuando te preguntan tu nombre, respondes: «Mmm…, es una pregunta difícil». Tu cónyuge te pregunta qué quieres para cenar y tú respondes: «Mmm. Yo. Gustar. Comida». Eso confunde y preocupa. Las siestas solucionan el problema.

3) *Si sufres ansiedad o depresión, empeoran.* La voz negativa y crítica en tu mente se hace mucho más fuerte, lo cual es contraproducente, porque, en lugar de conseguir el descanso que necesitas, te esfuerzas más por demostrar que eres una persona buena, social y productiva. Ignora a tu crítico interior y cuídate. No eres egoísta; estás agotado.

4) *Tienes dolor de cabeza, de estómago, de espalda o cualquier otro síntoma físico sin explicación.* Hay una diferencia entre un simple dolor de cabeza y una resaca del introvertido. Ésta viene acompañada de rigidez y dolor en los hombros y sube por el cuello hasta la nuca. Es una cefalea tensional, porque tanta interacción te pone tenso.

5) *Te desconectas, sueñas despierto o miras fijamente al vacío.* Es la forma en que tu mente se toma un descanso si tu cuerpo no puede (o no quiere). Si puedes, permítete hacerlo. No se trata de que estés distraído o seas perezoso. Es una táctica de supervivencia inteligente de tu sistema introvertido. Si tienes un hijo que lo hace y es introvertido, puede que esté sobrepasado por las circunstancias en lugar de ser incapaz de concentrarse.

6) *Tienes miedo de gritarle a alguien y/o darle una patada en la espinilla.* Porque todo y todos te ponen de los nervios. La desconocida que habla por el móvil en público. Las publicaciones en las redes sociales. Las personas que más quieres del universo. De nuevo, eso no prueba que seas mala persona o egoísta. Prueba que eres una persona generosa que ha dado todo lo que tiene (y más). Es el momento de darte a ti mismo lo que necesitas.

7) *Sientes como si Dios estuviera lejos y enfadado contigo.*
   Con una resaca del introvertido, no te sentirás espiritual. Y rezar
   rápidamente o leer un versículo de la Biblia no va a hacer que
   te sientas diferente. Dios no está enfadado contigo cuando estás
   agotado: Él está ahí para ayudar a restaurar cada parte de ti.

Cuando experimentas estos síntomas, no es el momento de preguntarte: «¿Qué me pasa?». Es el momento de preguntarte: «¿Qué necesito?».

Sí, a veces debemos soportar una resaca del introvertido por un bien mayor. No queremos saltarnos las actividades de la boda de nuestro mejor amigo. Puede que vivamos una temporada con tres niños pequeños agarrados a los tobillos todos los días. Ciertos proyectos o temporadas en el trabajo pueden significar que tengamos que sobrevivir a base de cafeína y fuerza de voluntad durante algunas semanas. No estoy defendiendo que digamos: «Lo siento, sé que esto es una cuestión de vida o muerte, pero no puedo arriesgarme a tener una resaca del introvertido».

Tenemos que entender que estas resacas son *inevitables* cuando sobrepasamos nuestros límites. Cuando lo sabemos, somos más amables con nosotros mismos, más capaces de contar a los demás lo que nos pasa, y más estratégicos a la hora de prepararnos y recuperarnos del gasto de energía.

La conquista de la energía consciente

Los introvertidos no tenemos una energía ilimitada (los extrovertidos tampoco). Puede que no tengamos suficiente energía para todo lo que creemos que debemos hacer, pero tenemos la suficiente para lo que realmente importa.

Esto significa que tenemos que ser conscientes de cómo gastamos nuestra energía, especialmente la energía social. Piensa en la energía como si fuera una cantidad de dinero en una cuenta bancaria. Tienes suficiente para cubrir tus necesidades y muchos deseos. Pero si no gestionas esa cuenta con prudencia, acabarás endeudado.

Los gurús de las finanzas suelen aconsejar a la gente que haga un seguimiento de sus ingresos y gastos. Hay que hacer lo mismo con la energía. Ciertos momentos son gastos de energía y te cuestan, aunque los disfrutes. Tanto si te gastas 300 dólares en una fabulosa escapada de fin de semana como en una visita al dentista, el efecto en tu cuenta sigue siendo el mismo. Admitir que algo te agota no significa que no sea valioso, sólo que es costoso.

Como punto de partida, piensa en actividades y tareas concretas que hayas hecho la última semana. Escríbelas en la tabla de abajo, o en un papel si quieres más espacio. Subraya o pon una X en la columna correspondiente para indicar si, para ti, la actividad es un ingreso o un gasto de energía.

Actividad	Ingreso de energía	Gasto de energía
Fiesta de cumpleaños		X
Café con tu mejor amigo	X	

Otra forma de hacer este ejercicio es utilizar tu agenda o lista de tareas en lugar de esta tabla: pon un + o un – junto a cada entrada para indicar si se trata de un ingreso o una retirada.

Siempre tendremos retiradas. Necesitamos gastar dinero para vivir, y también necesitamos gastar energía. Lo importante es que seamos conscientes de que, si a menudo tenemos muchos más gastos que ingresos, empezaremos a sentirnos agotados.

La buena noticia es que podemos hacer pequeños cambios en muchos aspectos para que la cuenta de energía vuelva a estar equilibrada.

Comida y bebida

Los titulares de las revistas nos dicen: «¡Pierde peso y siéntete bien!» o «Cómo conseguir un cuerpo de playa para el verano». Pero, para los introvertidos, lo más importante es utilizar lo nos metemos en el cuerpo para sacarle el máximo provecho a la vida. Cualquier alimento o bebida que sea un estimulante del sistema nervioso central nos desgasta. Cuando nuestro sistema nervioso se estimula, quema más energía, da igual lo que estemos haciendo. Cuando los efectos desaparecen, experimentamos el correspondiente bajón de energía y estado de ánimo.

En esta categoría se incluyen el café, los refrescos y otros productos que contienen cafeína. El azúcar, la harina blanca y muchos alimentos procesados también figuran en la lista.

No estoy diciendo que los abandonemos por completo; tengo un café con leche de almendras, está justo al lado mientras escribo este párrafo. Lo que importa es elegir cuánto queremos gastar.

Cuando tenía veinte años, desayunaba una magdalena de chocolate y un café moca. Experimentaba un aumento de ansiedad por la mañana y el correspondiente bajón por la tarde. Hoy en día, como huevos casi todas las mañanas. Una magdalena o un moca pueden ser un derroche ocasional, pero no un gasto diario.

Lo que más me ayuda a conservar la energía es incluir proteínas en cada comida (especialmente en el desayuno), tomar un tentempié entre comidas y comer verduras todos los días.

En el otro extremo del espectro de los estimulantes están los depresores del sistema nervioso, como el alcohol. La Dra. Laurie Helgoe, autora de *El poder de la introversión*, afirma que ha recibido numerosos mensajes de alcohólicos en recuperación que decían: «Ahora me doy cuenta de que empecé a beber para ser extrovertido, porque no me gustaba ser introvertido».[7]

Como ya hemos comentado, los introvertidos pueden tender a «pasarse» con el alcohol en determinadas situaciones o a utilizarlo para

_____

7. Dembling, S., *op. cit.*

automedicarse la ansiedad o la depresión. Si has tenido problemas con el alcohol, resiste a la vergüenza o la culpa. Recuerda que no eres el único y busca la ayuda que necesites.

El objetivo de los introvertidos es elegir alimentos y bebidas que ayuden a mantener estables los niveles de azúcar en sangre a lo largo del día. Los altibajos gastan mucha energía. Como todos somos tan diferentes, no creo que haya una forma «correcta» de alimentarse.

Creo que los introvertidos debemos ser conscientes de lo que nos hace sentir mejor y mantiene equilibrada la cuenta de energía.

Comida y bebida: Ingresos y gastos de energía

Gastos	Ingresos
Cafeína	Bebidas calmantes como el té de hierbas
Azúcar	Fruta fresca
Harina blanca	Cereales integrales
Alimentos ultraprocesados	Alimentos no procesados (frutos secos, verduras y lácteos bajos en grasa)
Alcohol	Agua mineral (con gas, con minerales calmantes como el magnesio)
Comida rápida	Proteínas como huevos, carne magra y alubias

Ejercicio

El ejercicio puede parecer un gasto de energía, pero en realidad es un ingreso que hace funcionar al máximo tu sistema introvertido, física y emocionalmente. El ejercicio aumenta los neurotransmisores del bienestar (las endorfinas, la dopamina, la norepinefrina y la serotonina).[8] También ofrece otros beneficios, como el aumento de la energía y la reducción del estrés.

---

8. «Exercise, Depression, and the Brain», *Healthline*, consultado el 7 de abril, 2020. Disponible en: www.healthline.com/health/depression/exercise#1

Aunque conocemos los beneficios que nos aporta el ejercicio, a muchos nos cuesta ponerlo en práctica. Puede que intentemos hacer ejercicio como los extrovertidos, lo que suele implicar equipos, actividades en grupo o un gimnasio lleno de extraños sudados. Si eso te funciona, hazlo. Si no, considera actividades más aptas para los introvertidos, como hacer senderismo, correr o nadar. Si necesitas rendirte cuentas, invita a un amigo a que te acompañe o utiliza una aplicación que registre tus progresos. Si no tienes el hábito de practicar ejercicio, empieza por caminar unos minutos cada día. Si el ejercicio te aburre, escucha un audiolibro o un podcast para que tu mente trabaje a la vez. El ejercicio ofrece beneficios energéticos a corto plazo, pero también es como poner dinero en un plan de jubilación. Según la Dra. Vonda Wright, «tenemos que pensar que almacenamos salud, igual que ahorramos dinero. Todos los días, la mayoría de nosotros vamos a trabajar y ganamos dinero, y una parte la invertimos pensando en el futuro. Del mismo modo, debemos invertir en nuestro futuro físico cada día».[9]

Al igual que con la comida, tampoco hay una forma «correcta» de mover el cuerpo. El mejor plan de ejercicios es el que hagas.

Sueño

Dormir adecuadamente supone un ingreso de energía diario que todos los introvertidos necesitan. El Dr. Matthew Walker, autor de *Por qué dormimos*, ha dedicado su vida a estudiar el sueño. «No parece existir ningún órgano principal dentro del cuerpo ni ningún proceso cerebral que no mejore gracias al sueño y que no se vea perjudicado cuando no dormimos lo suficiente».[10]

Dormir no es un acto pasivo. El cerebro se mantiene ocupado con tareas como convertir las experiencias en recuerdos a largo plazo. Los sueños son un «reconfortante baño neuroquímico que alivia los recuerdos dolorosos. Es también un espacio de realidad virtual en el que el cerebro combina el conocimiento pasado y el presente, inspirando la

---

9. Wright, V.: *Fitness After 40: How to Stay Strong at Any Age.* Amacom, 2009, p. 38.
10. Walker, M.: *Por qué dormimos. La nueva ciencia del sueño.* Capitán Swing, Barcelona, 2019.

creatividad», afirma Walker.[11] ¿Quieres pensar como el introvertido Albert Einstein? Él dormía diez horas por noche y se echaba siestas a menudo.

Los estudios demuestran que la cantidad de tiempo que dormimos ofrece diferentes beneficios. Dedica 20 minutos a una siesta que te aporte energía renovada y concentración, 60 minutos para potenciar la memoria o 90 minutos (que te permiten hacer un ciclo de sueño completo) para obtener aún más beneficios.[12]

Dado que el cerebro de los introvertidos es más activo y se agota con los estímulos externos, suelen necesitar más horas de sueño que los extrovertidos. Dormir no es un desperdicio: es esencial. Tras décadas de investigación, Walker concluye: dormir «es lo más eficaz que podemos hacer para restablecer nuestra salud cerebral y corporal todos los días».[13]

Si eres introvertido, nunca te sientas culpable por dormir la siesta, acostarte temprano o dormir hasta tarde cuando lo necesites. Calcula cuántas horas de sueño requieres y haz todo lo posible por conseguirlas. Considera que dormir es vital para tu salud y tu éxito.

Una nota: el exceso de sueño puede ser un síntoma de depresión. Si nunca te sientes descansado, incluso cuando duermes mucho, o quieres dormir todo el día, habla con tu médico o con un psicólogo.

Móviles y redes sociales

Cuando no podemos dormir, es fácil que cojamos el móvil. Pero eso puede impedir que descansemos lo suficiente. El tipo de luz que emiten los aparatos electrónicos activa el cerebro y hace que el cuerpo piense que es de día y ya toca despertarse. Si tienes problemas para dormir, deja el móvil y apaga la televisión una media hora antes de acostarte.

Además de impedirnos dormir, los móviles y las redes sociales son las mayores fuentes de gasto energético oculto de la vida moderna. En 2009, cofundé una página web, (in)courage.me, que obtuvo casi un

---

11. Ibíd.

12. Reddy, S.: «The Perfect Nap: Sleeping Is a Mix of Art and Science», *Wall Street Journal*, 2 de septiembre, 2013. Disponible en: www.wsj.com/articles/the-per fect-nap-sleeping-is-a-mix-of-art-and-science-1378155665

13. Walker, M., *op. cit.*

millón de visitas en los primeros seis meses. Me encontré inmersa en el mundo digital sin entender lo que suponía para mi vida real, especialmente por ser introvertida. Intenté estar al día con todo y con todos, lo que me llevó al borde del agotamiento. Entendí que las redes sociales son muy estimulantes, lo que significa que son un gasto de energía para los introvertidos. Pueden engañarnos porque no estamos en un lugar físico con personas reales. Pero cada imagen, sonido y notificación roba energía de nuestra cuenta.

Uno de los trucos más astutos del marketing es animar a la gente a comprar por impulso. Las chocolatinas se ponen en la caja del supermercado por una razón. Es fácil que cojamos una sin pensarlo. Navegar sin pensar por las redes sociales es como comprar por impulso. Pasa una hora, estamos agotados y nos preguntamos: «¿En qué he gastado todo mi tiempo y energía?».

Un punto de partida para recuperar nuestra energía –y que a mí me ha funcionado– es silenciar algunas o todas las notificaciones. Piénsalo de esta forma: cada notificación equivale a una estimulación externa; eso significa que tienes que pagar una cuota de energía por cada notificación que recibes. Una cuesta poco, pero docenas al día suman mucho.

También puedes elegir ciertos momentos del día o de la semana en los que no entres en las redes. Por lo general, no miro las redes sociales ni el correo electrónico después de las cinco, y un día a la semana me desconecto por completo, a lo que llamo guardar el «cibersabbat». Al principio me preocupaba perderme algo o defraudar a alguien, pero eso no ha ocurrido. Al contrario: la gente me ha dado las gracias por ayudarles a tener el valor de establecer sus propios límites. Los introvertidos podemos crear una forma diferente de relacionarnos con la tecnología, en la que nosotros tengamos el control, y no al revés.

También podemos tener en cuenta nuestros propios valores, como recomienda el informático y autor de superventas Cal Newport. Según él, quienes tienen una buena relación con las redes sociales «implícitamente analizan los costes y beneficios [...]. Al trabajar en sentido inverso –partiendo de sus valores para llegar a las decisiones tecnológicas–, los minimalistas digitales transforman estas innovaciones: dejan de ser una fuente de distracción y se convierten en herramientas que les ayudan a vivir bien».[14]

Entorno doméstico y laboral

La consultora de organización Marie Kondo quiere que todo lo que poseas «despierte alegría». Hace más de cien años, el arquitecto William Morris dijo: «No tengas nada en casa que no sepas que es útil, o que no creas que es hermoso».[15] La empresaria de estilo Martha Stewart muestra 40 maneras de simplificar tu casa. Abundan los consejos sobre nuestro entorno exterior. Pero para los introvertidos, lo importante es cómo nuestras cosas, el diseño interior y el nivel de desorden afectan a nuestra energía.

La bloguera Myquillyn Smith, también conocida como The Nester, dice en su libro *Cozy Minimalist Home* (Casa minimalista acogedora): «Si una habitación vacía es visualmente silenciosa, una habitación llena es visualmente ruidosa».[16]

Nuestro hogar o espacio de trabajo puede gritarnos, cuando en realidad necesitamos que nos susurre. El desorden, en particular, es ruidoso. Si no estás tranquilo en una estancia, quita todo lo que no necesites. Sigue quitando cosas hasta que estés tranquilo.

6 sugerencias de diseño para introvertidos

1) *Elige colores relajantes.* Fíjate en cómo te hacen sentir los distintos tonos. Las tonalidades más claras y los patrones sutiles hacen que una habitación sea más relajante.
2) *Elige líneas limpias y espacios abiertos.* La simplicidad significa menos estímulos externos que consuman energía. Piensa en la calidad antes que en la cantidad.

---

14. Newport, C.: *Digital Minimalism: Choosing a Focused Life in a Noisy World.* Portfolio/Penguin, Nueva York, 2019, p. 29.
15. Morris, W.: *Hopes and Fears for Art: Five Lectures Delivered in Birmingham, London, and Nottingham, 1878–1881.* Ellis & White, Londres, 1882.
16. Smith, M.: *Cozy Minimalist Home: More Style, Less Stuff.* Zondervan, Grand Rapids, 2018, p. 95.

3) *Piensa en las cortinas.* Considera cuánta privacidad deseas y la cantidad de luz que te hace sentir mejor.

4) *Crea espacio para lo que te gusta.* Deja espacio para lo que te produce alegría, como la lectura, los rompecabezas o una colección de objetos favoritos.

5) *Elige asientos más pequeños.* Da preferencia a la comodidad y no al tamaño: un sillón en lugar de un gran sofá, una biblioteca en lugar de un comedor formal.

6) *Incorpora texturas.* Añada detalles relajantes a tus estancias, como mantas, cojines cómodos y tapicerías suaves.[17]

Mark y yo construimos una casa hace unos años. Cuando los extrovertidos entran, suelen decir: «¡Es precioso! ¿Qué más vas a poner?». Los introvertidos dicen: «¡Es precioso! Hay tanta paz». ¿Por qué reaccionan de forma diferente? Los extrovertidos probablemente prefieren un poco más de estimulación visual (aunque espero que nuestra casa sea un espacio que les ayude a descansar). Para los introvertidos, la «tranquilidad» de nuestra casa les resulta un cambio agradable respecto al mundo ajetreado y abrumador.

Si compartes un espacio con un extrovertido, busca un punto intermedio que sea adecuado para ambos, ni demasiado tranquilo ni demasiado ruidoso.

Si cambiar de casa o de lugar de trabajo no es una opción, elige un lugar para introvertidos que sea sólo tuyo. Tu cama, la bañera, un rincón de oración, una mecedora en el salón o un columpio en el porche. Fuera de casa o del trabajo, busca lugares tranquilos como parques o bibliotecas.

Acostúmbrate a preguntarte: «¿Cómo afecta este espacio a mi nivel de energía?». Fíjate en lo que conserva, crea o cuesta energía.

La palabra «no»

Mi mentora en la universidad, Beth English, me invitaba a comer a su apacible casa una vez a la semana. Era un buen lugar para evadirse de

17. Geddes, J.: «6 Cozy Home Decor Ideas That Are Perfect for an Introvert», *Realtor.com*, 9 de abril, 2018. Disponible en: www.realtor.com/advice/home -improvement/introvert-home-decor-ideas/

los espacios ruidosos y de los compañeros de habitación. Mientras comíamos platos sencillos, como sándwiches de queso a la plancha o sopa de tomate, me escuchaba hablar de las presiones de la facultad y de mi horario, abarrotado de clases.

Un día hizo una pausa y dijo: «Holley, las decisiones más difíciles en la vida no son entre lo bueno y lo malo, sino entre lo bueno y lo mejor».[18] Las decisiones más difíciles sobre dónde gastar cualquier cosa (energía, dinero, tiempo) no son entre lo bueno y lo malo, sino entre lo bueno y lo mejor.

Durante mucho tiempo, temí la palabra «no» y me sentía muy culpable cuando la decía. Pero, gracias a lo que me dijo Beth, me di cuenta de que mis decisiones no tenían que ver con el hecho de decir «no». Lo cierto es que decimos «no» con cada decisión que tomamos, tanto si usamos esa palabra específica como si no. Sólo tenía que elegir a qué diría «no»: a lo bueno o a lo mejor. Cuando tengamos que tomar una decisión que afecte a nuestra energía, podemos detenernos y hacernos estas tres preguntas:

Si digo que sí a esto, ¿a qué estoy diciendo que no?
Si digo que no a esto, ¿a qué estoy diciendo que sí?
¿Qué opción se ajusta mejor a mi propósito y mis prioridades en este momento?
(Si no estás seguro de cuáles son tus propósitos y prioridades, llegaremos a eso en el próximo capítulo).

A veces la mejor respuesta es emprender un proyecto y otras veces es echarse una siesta.

Escoge la energía consciente

Con un patrimonio neto de 77 000 millones de dólares, el introvertido Warren Buffett es uno de los inversores más exitosos del mundo. Pero,

---

18. Holley, G.: *You're Already Amazing: Embracing Who You Are, Becoming All God Created You to Be.* Baker, Grand Rapids, 2012, p. 147.

por su agenda, nunca lo dirías. Charlie Munger, socio de Buffett, dice: «A veces miras su agenda y sólo hay un corte de pelo. Martes, día de cortarse el pelo. Así se ha convertido en uno de los empresarios más exitosos de la historia. Tiene mucho tiempo para pensar».[19]

Durante toda su carrera, Buffett se pasó, según su propia estimación, el 80 % del tiempo pensando y leyendo. En un mundo que nos dice que sólo la «gente ocupada» progresa, el enfoque reflexivo de Buffett es un acto de rebeldía. Pero ha dado sus frutos.

Greg McKeown, autor del superventas *Essentialism* (Esencialismo), estaría de acuerdo. Hace años, estaba con su mujer, Anna, y su preciosa hija recién nacida en el hospital. Pero, en lugar de sostener a su hija en brazos, estaba respondiendo correos y peticiones de clientes en el portátil. Cuando uno quería una reunión, él acudía, aunque sintiera una profunda reticencia. ¿No era eso lo que tenía que hacer?

«Resultó que no salió nada de la reunión con el cliente. Pero, aunque hubiera cerrado un negocio, seguramente sería desastroso. Al intentar que todo el mundo estuviera contento, había sacrificado lo que más importaba. Reflexionando, descubrí esta importante lección: si tú no priorizas, otro lo hará».[20]

Esa experiencia se convirtió en un catalizador para McKeown. Se comprometió a vivir diferente, a convertirse en lo que él llama un «esencialista». «El esencialismo no consiste en hacer más cosas, sino en hacer las cosas correctas. Tampoco significa hacer menos porque sí. Se trata de invertir el tiempo y la energía de la manera más sabia posible, para poder rendir al máximo haciendo sólo lo que es esencial».[21]

McKeown no ganó miles de millones. Ganó lo que más importa: una vida mejor para él y las personas que ama.

Vivimos en un mundo caótico, acelerado, estresado y agotado. Lo normal es reaccionar en lugar de responder, apretar el paso en lugar de

19. Szramiak, J.: «6 Life Lessons from Warren Buffett», *Business Insider*, 9 de julio, 2017. Disponible en: www.businessinsider.com/6-life-lessons-from-warren-buffett-2017-7

20. McKeown, G.: *Essentialism: The Disciplined Pursuit of Less*. The Crown Publishing Group, Nueva York, 2014, p. 10.

21. Ibíd., p. 6.

confiar, vivir agotado en lugar de disfrutar, endeudado en lugar de en equilibrio.

Los introvertidos estamos programados para centrarnos en lo esencial. Nos movemos más despacio, pensamos más profundamente y necesitamos más tiempo para procesar las cosas. En lugar de decirnos que no podemos seguir el ritmo, ¿qué pasaría si nos imagináramos dirigiéndonos hacia una vida con más descanso, más paz y más tiempo para lo que realmente importa? ¿Y si lo que vemos como límites de energía son en realidad oportunidades? ¿Qué haremos, como preguntó la poeta Mary Oliver, con nuestra preciosa, salvaje y única vida?

Creo que tenemos toda la energía necesaria para responder.

12

VIVE TU PODEROSO PROPÓSITO

El privilegio de esta vida es poder convertirte en quien realmente eres.

CARL JUNG

Una tarde, no hace mucho, fui a dar un paseo por los senderos de Rancho Capistrano, en el sur de California. Me llevé la bolsa del portátil y pensaba encontrar un lugar tranquilo para trabajar en este libro. Mientras miraba las palmeras y observaba las tortugas que nadaban en los estanques, mi mente volvía a un comentario que alguien me había hecho informalmente.

Había ido a un retiro de autores y, la noche anterior, durante la cena, todos habíamos compartido lo que traíamos en nuestra maleta interior. ¿La respuesta más común? Agotamiento. Era comprensible. Sé lo que es. Lo he vivido. Quería dar la misma respuesta para sentir que encajaba. Pero no era verdad. Tras años ignorando cómo me había creado Dios, lidiando con la depresión, la ansiedad y la inseguridad, me sentía fuerte y libre. Claro, de vez en cuando también me siento agotada, ansiosa y todo lo demás. Imagino que siempre será así. Pero ya no lo arrastro a todas horas y a todas partes. Por lo tanto, respondí que me había quemado, que me había perdido a mí misma y que sabía lo que era no querer ser introvertido. Pero que, con el tiempo y torpemente, con mucha ayuda, había descubierto una manera diferente de vivir.

Al terminar la conversación, alguien se acercó a mí y me dijo: «Lo que veo en ti es una paz sostenible». Y ése era el comentario en el que no podía dejar de pensar durante el paseo.

Creo que la paz sostenible viene de ver con claridad quiénes somos y cuál es nuestro propósito único. Eso es lo que espero de ti, también, cuando nos despidamos. Quiero que seas capaz de seguir adelante con un claro sentido de tu propósito como introvertido y que vivas de forma sencilla lo que has aprendido.

Cómo crear tu declaración de intenciones de introvertido

Tanto en mi vida profesional como personal, he comprobado que leer o escuchar las palabras de los demás es una forma fantástica de impulsar el crecimiento personal, ya que ambas actividades pueden proporcionarnos información útil e inspiración. Pero la verdadera transformación se produce cuando añadimos *nuestras propias palabras*.

Por eso, voy a ayudarte a escribir tu Declaración de intenciones de introvertido. No se trata de una declaración corporativa impersonal para que la pegues en la pared de la oficina, sino de un filtro práctico y personal que utilices para centrarte en tus prioridades y tomar decisiones. Para crear tu declaración de intenciones, tendrás que pensar en ti mismo, pero no te engañes pensando que se trata de ti. El objetivo es pensar de forma proactiva ahora para evitar pensar de forma reactiva después (inseguridad, distracción). Tu declaración de intenciones te ayudará a centrarte en tus prioridades. Cuando alguien le preguntó a Jesús qué era lo más importante, él dijo que era amar a Dios, a los demás y a nosotros mismos. Me parece que, para la mayoría de nosotros, el amor es lo que motiva cualquier propósito.

La declaración de intenciones que vas a crear es un *punto de partida*. No es perfecta. No es definitiva. Ni siquiera tiene que gustarte. Lo que resulta útil es pasar por el proceso de crearla. Si no estás preparado para hacerla ahora, echa un vistazo a los ejercicios y retómalos más tarde. O crea una propia forma de analizar tu vida. No dejes que esto te impida llegar a la última página.

Si has leído mis otros libros, especialmente *You're Already Amazing* (Ya eres increíble), estarás familiarizado con este tipo de proceso. Aunque ya hayas hecho algo así antes, te animo a que lo hagas de nuevo, pensando específicamente en quién eres como introvertido. Yo paso por este proceso al menos una vez al año, a menudo más.

Empecemos por analizar tus puntos fuertes y tus aptitudes de introvertido y a quiénes benefician más.

Tus puntos fuertes de introvertido

Ya hemos hablado de los puntos fuertes a lo largo del libro. Ahora tienes una oportunidad para considerar otros que no hemos visto. Un punto fuerte es una característica nuestra, una parte de lo que somos.

Es normal que te resulte incómodo o difícil pensar en tus puntos fuertes. Aun así, desafíate a completar el ejercicio. Puede ser útil pensar en las palabras que utilizan los que te quieren para describirte. O, si es necesario, pídele a alguien a quien quieres que lo haga contigo.

Mis puntos fuertes

Revisa la siguiente lista y subraya o redondea al menos tres puntos fuertes que consideres que tengas. Cuando hayas terminado, pon un topo o un asterisco junto al más destacado.

Si quieres incluir un punto fuerte del que hayamos hablado en otro capítulo, puedes hacerlo en el apartado «añade otros», al final de la lista.

Afable	Capaz	Cortés
Alentador	Cariñoso	Creativo
Amable	Centrado	Dedicado
Amoroso	Comprensivo	Determinado
Analítico	Confiable	Devoto
Atento	Consciente	Eficiente
Autoconsciente	Considerado	Empático
Cálido	Constante	Espiritual
Calmado	Contento	Fiable

Humilde	Perceptivo	Sincero
Imaginativo	Perspicaz	Solícito
Independiente	Piadoso	Solidario
Ingenioso	Profundo Realista	Trabajador
Innovador	Reflexivo	Tranquilo
Inteligente	Resiliente	Valiente
Leal	Respetuoso	Visionario
Listo	Responsable	
Maduro	Sabio	Añade otras:
Motivado	Sensible	....
Observador	Servicial	....

(También puedes usar esta lista como inspiración para decirle a otros introvertidos, especialmente a los niños, qué ves en ellos).

Tus aptitudes de introvertido

Los puntos fuertes se refieren a lo que somos; las aptitudes, a lo que hacemos. Nuestros puntos fuertes sólo se vuelven poderosos cuando los ponemos en acción a través de nuestras aptitudes.

A menudo pasamos por alto nuestras aptitudes porque para nosotros son naturales. Si te descubres diciendo: «Pero si no es gran cosa» o «Pero si cualquiera podría hacer eso», entonces es probable que estas protestas indiquen una aptitud.

Piensa en momentos en que te hayas sentido plenamente vivo, como si estuvieras haciendo aquello para lo que fuiste creado, o en que hayas sido útil a los demás.

Mis aptitudes

Subraya o redondea al menos tres aptitudes que consideres que tengas. Cuando hayas terminado, pon un topo o un asterisco junto a la más destacada.

Aconsejar	Crecer	Negociar
Actuar	Creer	Nutrir
Adaptarse	Decorar	Organizar
Administrar	Desafiar	Perseverar
Alentar	Empatizar	Persuadir
Analizar	Enseñar	Planear
Apoyar	Escribir	Priorizar
Apreciar	Escuchar	Proteger
Arriesgarse	Expresar	Relacionarse
Asesorar	Gestionar	Resolver
Ayudar	Guiar	Responder
Capacitar	Hablar	Reunir
Cocinar	Idear	Servir
Colaborar	Imaginar	Valorar
Compartir	Influir	
Comunicar	Iniciar	Añade otras:
Conectar	Liderar	....
Construir	Limpiar	....
Coordinar	Mantener	
Crear	Motivar	

¿A quién ayudas?

Nuestras aptitudes y puntos fuertes no son sólo para beneficio propio, sino también para ayudar a los demás. Pueden beneficiar a la gente en general (la familia) o a alguien en concreto (niños con necesidades especiales menores de cinco años).

Tus puntos fuertes y aptitudes tienden a ser estables, pero las personas a quienes ayudarán cambiarán muchas veces a lo largo de tu vida. Puede que ahora te centres en los estudiantes porque eres uno de ellos o en los niños porque estás criando a dos. Puede que más adelante te centres en cuidar a tus padres o en gestionar un equipo en el trabajo.

Piensa en la esfera de influencia de la que hablamos antes: el centro representa el núcleo familiar y tus amigos más cercanos, donde se produce la influencia más intensa. El siguiente anillo podría incluir a los parientes lejanos y las amistades ocasionales. Los otros anillos incluyen a los compañeros de trabajo, los miembros de tu iglesia, los vecinos y el camarero con el que charlas en tu parada diaria para tomar un café.

Ejemplo de esfera de influencia

Con esta imagen en mente, ¿a quién *ya* ayudas?

_____

_____

Nota: Cuando crees tu declaración de intenciones, está bien que resumas tu respuesta y digas simplemente «otros» o «personas».

Tu visión de introvertido
La palabra «visión» puede intimidar, como si sólo la pudieran utilizar un determinado grupo de personas que se autodenominan «visionarios» o «pensadores innovadores». Pero tener visión es simplemente visualizar lo que quieres que ocurra. Cuando emprendemos una acción,

todos esperamos que nos lleve a un resultado determinado. Lo mismo sucede cuando vivimos nuestro propósito.

Aquí tienes algunos ejemplos de visiones:

El mundo será un lugar mejor.
Mi familia sabrá que la quieren.
El trabajo que hago dejará un legado.
Honraré a Dios con mi vida.

Tenlo en cuenta cuando llegues a la parte de la visión de tu declaración de intenciones, para poder rellenarla con lo que más te importa.

Vamos a juntarlo todo

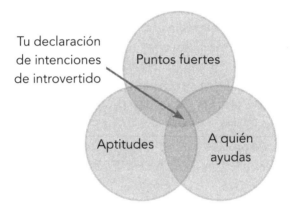

Cuando unimos quiénes somos, lo que hacemos bien y lo que podemos hacer para ayudar, encontramos nuestro propósito.

Para crear un borrador de tu Declaración de intenciones de introvertido, utiliza la siguiente plantilla:

Soy un introvertido ....
(mejor punto fuerte)
que ayuda ....
(mejor aptitud, añade detalles si lo necesitas, como el ejemplo abajo)
para ....
(visión)

Mi borrador:

Soy una introvertida creativa que ayuda a la gente escribiendo libros para que se den cuenta del potencial que les ha dado Dios.

Quizás tu borrador te parece un poco extraño o incompleto, no pasa nada. Esta plantilla te ofrece un punto de partida general. Puedes ir editando, eliminando, añadiendo o haciendo lo que quieras hasta conseguir las palabras que más te gusten. No es necesario que lo hagas ahora; ya has pensado lo suficiente para seguir avanzando.

Mi borrador me parecía demasiado largo y específico, así que lo condensé en «Ayudo a las personas a desarrollar el potencial que les ha dado Dios». He conocido a otros que han hecho lo contrario, que han ido haciendo la declaración más larga y específica. A algunas personas les gusta tener una declaración general. A otras, crear declaraciones diferentes para la familia, el trabajo, la fe, etc. No hay una forma «correcta» de utilizar esta herramienta.

Como he mencionado antes, yo también reviso mi declaración de intenciones al menos una vez al año. Tu declaración no está grabada en piedra. Puedes actualizarla o adaptarla cuando sea necesario. Lo principal es que hayas reflexionado sobre lo que más te importa para que puedas utilizarlo como filtro en tu vida. Una querida amiga mía y yo pasamos por este proceso juntas. Ella se debatía con sus respuestas y le preocupaba que eso significara que no estaba viviendo conscientemente. Yo le dije: «Creo que es lo contrario. Estás viviendo tan conscientemente que te parece "normal", por eso te cuesta verlo».

Si este proceso es un reto para ti, te diría lo mismo. Tener a alguien que lo haga contigo puede ayudar. O, como introvertido, puede que necesites más tiempo para pensar tus respuestas. Deja que tu mente introvertida, activa y profunda progrese a su propio ritmo. No te presiones ni te fuerces: las palabras vendrán a ti.

Cómo utilizar tu declaración de intenciones de introvertido

Cuando ya tenemos el borrador de nuestra declaración de intenciones, la pregunta natural es: «¿Y ahora qué?». ¿Cómo podemos vivir nuestra declaración de intenciones de forma práctica cada día?

Una de las respuestas a esta pregunta se remonta a la Revolución Industrial, una época de rápido crecimiento. Charles Schwab, presidente de la Bethlehem Steel Company y uno de los hombres más ricos del mundo, le pidió a un consultor de productividad, llamado Ivy Lee: «Muéstrame cómo hacer más cosas». Lee no pronunció ningún largo monólogo ante los ejecutivos de Schwab. No hizo ninguna presentación en PowerPoint. No mostró tablas con flechas y gráficos. Sólo pidió 15 minutos con cada uno. No cobraría por hacerlo, pero, si su método funcionaba, al final del proceso Schwab podría pagarle lo que considerara que había valido su ayuda.

Cuando Lee se reunió con cada uno de los ejecutivos, no ofreció planes complicados ni estrategias intrincadas. En su lugar, explicó el «método Ivy Lee».

El método Ivy Lee

Al final de cada día de trabajo, escribe las seis cosas más importantes que tienes que hacer al día siguiente. No anotes más de seis tareas.
Ordena estos seis elementos según su verdadera importancia.
´Cuando llegues al día siguiente, concéntrate sólo en la primera tarea. Trabaja hasta que la termines y luego pasa a la segunda. Aborda el resto de tu lista de la misma manera. Al final del día, pasa los elementos inacabados a una nueva lista de seis tareas para el día siguiente.
Repite este proceso todos los días laborables.

El autor James Clear explica lo que ocurrió después. «La estrategia parecía sencilla, pero Schwab y su equipo ejecutivo de Bethlehem Steel la probaron. Al cabo de tres meses, Schwab llamó a Lee a su despacho y le extendió un cheque de 25 000 dólares. Un cheque de 25 000 dólares en 1918 equivale a un cheque de 400 000 dólares en 2015».[1]

---

1. Clear, J.: «The Ivy Lee Method: The Daily Routine Experts Recommend for Peak Productivity», *James Clear*, 13 de julio, 2018. Disponible en: https://jamesclear.com/ivy-lee

El método Ivy Lee sigue siendo una de las formas más sencillas y eficaces de vivir lo que más importa en tu vida y de gestionar tu energía. Si no tienes una forma de priorizar las tareas, prueba este método. Si te funciona, genial. Si no, presta atención al porqué y prueba otros métodos hasta que encuentres uno que se adapte a ti.

A mí me parece que seis tareas son demasiadas, así que intento quedarme con tres. Si las hago, puedo añadir más. Además, me ayuda a empezar haciendo una pausa para rezar y pedirle a Dios que me dé sabiduría para saber qué incluir y qué dejar de lado. Quiero que Él dirija mi vida.

Un láser es diminuto, pero es preciso, y eso es poderoso. Según Wayne Cordeiro, autor de *Leading on Empty* (Conducir al vacío), el 85 % de las cosas que hacemos lo puede hacer cualquiera. Por ejemplo, ver la televisión, consultar las redes sociales y asistir a reuniones. Alguien podría hacer otro 10 % si le enseñamos a hacerlo. El último 5 % es lo que sólo nosotros podemos hacer. Tras sufrir agotamiento, Wayne descubrió que decidir qué contenía ese 5 % le cambiaría la vida: «Tuve que replantearme qué era más importante para mí (qué era lo que Dios me había pedido que hiciera) y cómo iba a reestructurar mi vida. Tuve que pensar qué incluiría mi último 5 %. ¿Qué era lo que sólo yo podía hacer…?».[2]

Aquella tarde en Rancho Capistrano, lo que sólo yo podía hacer en ese momento me pareció sinceramente un poco inútil. Sólo yo podía observar cómo pescaba un ave acuática. Sólo yo podía quedarme quieta en medio de un puente, ignorando el ruido del tráfico en la distancia. Sólo yo podía elegir permanecer en un espacio de silencio sagrado.

Pensé en una de mis escenas favoritas sobre Dios, que implica otro momento de tranquilidad y que me conmueve por ser introvertida. El profeta Elías se está debatiendo con la inseguridad y el desánimo. Se siente agotado y solo.

El Señor le dijo:

—Sal y ponte de pie delante de mí, en la montaña.

2.Cordeiro, W.: *Leading on Empty: Refilling Your Tank and Renewing Your Passion.* Bethany House, Minneapolis, 2010, pp. 78-79.

Mientras Elías permanecía de pie allí, el Señor pasó, y un viento fuerte e impetuoso azotó la montaña. La ráfaga fue tan tremenda que las rocas se aflojaron, pero el Señor no estaba en el viento. Después del viento se produjo un terremoto, pero el Señor no estaba en el terremoto. Pasado el terremoto hubo un incendio, pero el Señor no estaba en el incendio. Y después del incendio hubo un suave susurro.[3]

Pensé en cómo había buscado a Dios en el viento (en la actividad, el ajetreo, el afán por demostrar mi valía). Eso casi me destrozó la vida. Pensé en cómo había hecho lo mismo a través de lo que se sentía como un terremoto interior, partiendo mi verdadero ser en pedazos para poder obtener aprobación, sin sentirme realmente segura. Probé el fuego (el destello de la actuación, los esfuerzos por impresionar).

Entonces, llegó el suave susurro.

Empecé a encontrar la paz sostenible, mi verdadero propósito, al escuchar la voz que me dice que me quieren tal como soy, no como creo que debería ser. En ese paseo vespertino, me sentí agradecida por lo lejos que me había llevado esa voz.

Después, me vino otro pensamiento sobre esta historia, uno nuevo, que no sólo tenía que ver conmigo, sino con todos nosotros.

«¿Y si los introvertidos hemos sido creados para ser ecos vivos del suave susurro de Dios? ¿Y si por eso el mundo necesita que seamos quienes somos? ¿Y si ése es nuestro poderoso propósito?».

Seamos quienes somos

Bronnie Ware es una enfermera que vive en Australia y se define como «una rebelde amable».[4] En una foto de su página web, se encuentra frente a un árbol que tiene arrugas en la corteza, que ha visto tormentas y sol. Se apoya en él como si lo sostuviera y diera testimonio de su historia. Parece una buena interpretación, porque desde hace años Bron-

---

3. 1 Reyes 19, 11-12.
4. Ware, B.: «About Bronnie», *Bronnie Ware*, consultado el 7 de abril, 2020. Disponible en: https://bronnie ware.com/about-bronnie/

nie cuida de personas en sus últimos días y ha escuchado la sabiduría, la claridad y las confesiones que vienen con la brevedad. ¿El arrepentimiento más común? «Ojalá hubiera tenido el valor de vivir la vida que quería realmente, no la que otros esperaban de mí».[5]

Una hermosa tarde, en el porche de mi casa, encendí el portátil y encontré el archivo con todas las respuestas a la encuesta que había creado. Leí las respuestas a la pregunta «¿Cuál es tu principal punto débil como introvertido?» hasta que salieron las luciérnagas y las ranas croaron en barítono en el estanque que hay detrás de nuestra casa.

Me di cuenta de que se repetía la frase: «Soy introvertido, *pero…*». Siempre terminaba con un descargo de responsabilidad o un deseo insatisfecho, algo que sonaba demasiado a «intento vivir la vida que los demás esperan de mí».

¿Y si cambiamos lo que nos decimos sobre ser introvertidos? ¿Y si también les decimos a los demás lo que significa realmente ser introvertido? Ser quienes somos no siempre será fácil. Nos enfrentaremos al miedo y a la presión, a la duda y a la tentación de comparar, a momentos en los que nos tiemblan las manos o se nos desboca el corazón. Pero, realmente, creo que se nos necesita más que nunca.

A partir de ahora, digamos…

Soy introvertido *y*
de manera imperfecta y valiente
ofreceré
mi soledad estratégica,
mi conexión significativa,
mi influencia genuina,
mi confianza sagrada,
mi verdadero bienestar,
mi resiliencia conseguida a pulso,

---

5. Ware, B.: «Regrets of the Dying», *Bronnie Ware*, consultado el 7 de abril, 2020. Disponible en: https://bronnieware.com/blog/regrets-of-the-dying/

mi pensamiento aguzado,
mi percepción perspicaz
y mi energía consciente
mientras vivo con un propósito
y crezco durante toda la vida.

Sigue

AVANZANDO

Holley ha creado algunos recursos y herramientas adicionales que pueden inspirarte y ayudarte a seguir tu viaje con
claridad, confianza y valentía. Da el siguiente paso y visita la
página holleygerth.com/introverts

PREGUNTAS PARA EL CLUB DE LECTURA

Prohibido tener conversaciones superficiales. De nada.

Capítulo 1: Qué significa realmente ser introvertido

1) ¿Qué te ha impulsado a leer este libro ahora? ¿Qué esperas obtener de su lectura?
2) ¿Qué es lo que te ha sorprendido de la introducción? ¿Por qué?
3) Jenn Granneman dice: «En lugar de ver tus atributos introvertidos como tus mayores defectos, ten en cuenta que, en realidad, pueden ser tus mayores virtudes». ¿Habías pensado en la introversión de esta manera? ¿Por qué o por qué no?
4) ¿Qué has aprendido de la sección sobre neurotransmisores, sistemas nerviosos y vías neuronales?
5) ¿Cómo resumirías las diferencias entre introversión y timidez?
6) ¿En qué lugar del continuo introvertido-extrovertido te sitúas? ¿Tu ubicación en el continuo ha cambiado con el tiempo o con las circunstancias de tu vida?

Extrovertido _____|_____ Introvertido

7) En tu vida como introvertido o extrovertido, ¿qué te gustaría que hubiera más? ¿Qué te gustaría que hubiera menos?

8) ¿A qué introvertido de tu vida admiras? ¿Qué rasgos te llaman la atención de esa persona?

9) Holley dice: «Cuando leo textos científicos sobre cómo somos los introvertidos, siento asombro y gratitud. Pienso en lo que dijo el salmista: "¡Gracias por hacerme tan maravillosamente complejo! Tu fino trabajo es maravilloso, lo sé muy bien"». ¿Qué es lo que agradeces de ser introvertido o extrovertido?

10) ¿Qué frase te ha llamado más la atención en este capítulo? ¿Por qué?

Capítulo 2: Veamos más de cerca quién eres

1) «Presta mucha atención a tu propio trabajo, porque entonces obtendrás la satisfacción de haber hecho bien tu labor y no tendrás que compararte con nadie. Pues cada uno es responsable de su propia conducta» (Gálatas 6:4-5). ¿Qué crees que significa «pues cada uno es responsable de su propia conducta»?

2) ¿Qué crees que influye en la manera como nos vemos, para bien o para mal? Pon un ejemplo de alguien que vio algo positivo en ti y te ayudó a ser más de lo que eres.

3) ¿Cómo resumirías las diferencias entre autocrítico, egocéntrico y autoconsciente?

4) ¿Qué tipo de personalidad Myers-Briggs crees que eres? ¿Qué palabras o frases de la descripción de tu tipo te han llamado más la atención?

5) ¿Cuál crees que es tu tendencia? ¿Qué palabras o frases de la descripción de tu tendencia te han llamado más la atención?

6) ¿Cuál crees que es tu tipo de eneagrama? ¿Qué parte de la descripción te resulta más familiar?

7) ¿Cuáles son tus dos principales lenguajes del amor? Pon un ejemplo de alguien que haya utilizado tu lenguaje del amor para conectar contigo.

8) ¿Qué has descubierto sobre ti al leer este capítulo?

9) Cuando somos más conscientes de nosotros mismos, también somos más conscientes de los demás. Con relación a una persona de tu vida, ¿de qué te has percatado al utilizar estas herramientas?

10) ¿Qué frase te ha llamado más la atención en este capítulo? ¿Por qué?

Capítulo 3: La soledad estratégica

1) ¿Cuánto tiempo es lo máximo que has estado a solas? ¿Cuánto tiempo crees que podrías estar a solas sin sentirte solo?

2) ¿Cómo describirías la diferencia entre estar aislado y estar a solas?

3) ¿Cómo sabes cuándo necesitas estar a solas? ¿Cómo sabes cuándo necesitas estar con gente?

4) ¿Te ha sorprendido tu puntuación en el Cuestionario sobre el aislamiento y la conexión social? ¿Por qué o por qué no?

5) ¿Qué es lo que más te impide estar a solas? ¿Qué te ayuda a superarlo?

6) ¿Qué te gusta hacer cuando tienes tiempo para estar a solas?

7) ¿Con qué elementos de la lista «Estar a solas te hace más fuerte de 12 maneras» te has identificado más? ¿Qué ejemplos tienes en tu vida?

8) ¿Hay alguna mentira que se interponga en tu camino hacia el saber estar a solas? Por ejemplo: «Pasar tiempo a solas es egoísta». ¿Qué verdad sustituye a esa mentira? Por ejemplo: «Pasar tiempo a solas me ayuda a querer a los demás».

9) Saber estar a solas cambió la vida de Emma Gatewood. ¿En qué momento de tu vida estar a solas te ha ayudado a hacer un cambio, a tener una revelación, a sentir la voz de Dios, o te ha transformado de alguna u otra manera?

10) ¿Qué frase te ha llamado más la atención en este capítulo? ¿Por qué?

Capítulo 4: La conexión significativa

1) ¿Puedes explicar un momento incómodo que hayas vivido? Todos tenemos algunos.
2) ¿Alguna vez has visto a otra persona pasar por un momento incómodo? ¿Cómo respondiste?
3) ¿Qué les ocurre a tu mente y a tu cuerpo cuando te sientes incómodo? ¿Qué te ha llamado la atención sobre esas reacciones?
4) ¿Por qué crees que los seres humanos nos escondemos, aunque en realidad queremos que nos vean, nos conozcan y nos quieran?
5) ¿Te ha sorprendido el estudio sobre el número de relaciones que la gente tiene en realidad? ¿Por qué o por qué no?
6) ¿Cuáles son las tres cualidades que has elegido de la lista de cualidades relacionales?
7) ¿Cómo describirías la diferencia entre una relación unilateral y una relación recíproca?
8) Piensa en una persona que te haya querido. ¿Qué hizo para que te sintieras querido?
9) ¿Cómo te gusta más conectar con la gente? ¿Cómo te gustaría conectar con alguien esta semana?
10) ¿Qué frase te ha llamado más la atención en este capítulo? ¿Por qué?

Capítulo 5: La influencia genuina

1) ¿Cómo habrías definido la influencia antes de leer este capítulo? ¿Qué piensas ahora sobre la influencia?
2) ¿Quién está en tu esfera de influencia en esta época de tu vida?
3) ¿Quién te ha influido más a lo largo de tu vida? ¿De qué manera?
4) ¿Has escuchado o experimentado personalmente alguna historia sobre «genios opuestos» (una pareja de un extrovertido y un introvertido) que hace a ambos más fuertes?
5) ¿Conoces a alguien que haya evolucionado de un estilo de influencia alfa a uno gamma? (Ejemplo: Personas que se informan

a partir de los colegas o de las redes sociales, en lugar de los noticiarios).

6) ¿Qué miedos te impiden influir? ¿Qué te ayuda a tener valor para superarlos?

7) ¿Qué es lo que te apasiona? ¿Cómo te has dado cuenta de que cuando hablas de ello o haces algo relacionado influyes a los que te rodean?

8) Brandon Cox dice: «Sé tú. Sé el líder que Dios creó cuidadosamente desde el vientre materno. Conoce tus puntos fuertes y débiles. Céntrate en las áreas que, como líder, te desafíen. Pero rechaza la presión de ajustarte a una determinada imagen de cómo debe ser un buen líder». ¿Qué área te resulta difícil cuando piensas en la influencia? ¿Cómo te gustaría mejorar?

9) ¿Cómo quieres que te recuerden? ¿Qué legado quieres dejar?

10) ¿Qué frase te ha llamado más la atención en este capítulo? ¿Por qué?

Capítulo 6: La confianza sagrada

1) Cuando leíste el mensaje de Taylor, ¿cómo reaccionaste? ¿Con qué te identificaste o qué te hizo pensar en alguien de tu vida?

2) Si escribieras un mensaje como el de Taylor, en el que te debatieras con la espiritualidad, ¿qué dirías?

3) Ponte «como objetivo vivir una vida tranquila» (1 Tesalonicenses 4:11). ¿Qué crees que significa?

4) Este capítulo habla del contexto y la historia de la espiritualidad en nuestra cultura. ¿Qué te ha parecido más interesante? ¿Tienes alguna observación que quieras añadir?

5) ¿Consideras que la espiritualidad y la ciencia están separadas o conectadas? ¿De qué manera?

6) ¿Qué mentira sobre la introversión te has creído y eso ha afectado a tu vida espiritual? ¿Cuál es la verdad?

7) ¿Con qué senderos espirituales te has identificado más? Comparte un ejemplo de tu vida que muestre cómo son para ti esos senderos.

8) ¿Qué trucos para introvertidos, como llevar tapones para los oídos, te resultan útiles? ¿Se te ha ocurrido alguno nuevo al leer este capítulo?

9) ¿Qué virtudes aportan los introvertidos a las Iglesias y comunidades? ¿Y los extrovertidos? ¿Cómo mejoramos juntos?

10) ¿Qué frase te ha llamado más la atención en este capítulo? ¿Por qué?

Capítulo 7: El verdadero bienestar

1) ¿Qué mensajes sobre la felicidad has escuchado de tu familia, de la cultura que te rodea y de fuentes espirituales?

2) Ahora que has aprendido más sobre el verdadero bienestar, ¿crees que los mensajes que escuchaste eran ciertos? Si consideras que no, ¿qué piensas ahora sobre la felicidad?

3) ¿Qué tres sinónimos de felicidad has escogido de la lista de este capítulo?

4) ¿Has visto alguna vez que los introvertidos y los extrovertidos experimentan la felicidad de forma diferente? ¿Cómo fue?

5) ¿Qué forma de encontrar la felicidad has intentado que no haya funcionado? ¿Qué es lo que sí te hace feliz?

6) «Así que llegué a la conclusión de que no hay nada mejor que alegrarse y disfrutar de la vida mientras podamos. Además, la gente debería comer, beber y aprovechar el fruto de su trabajo, porque son regalos de Dios» (Eclesiastés 3:12-13). ¿Qué crees que quiere decir Salomón?

7) ¿Con qué estilos de felicidad te has identificado más? ¿Qué ejemplos tienes en tu vida?

8) ¿Estás de acuerdo con esta cita del capítulo?: «Si me preguntan cuál es la emoción más aterradora y difícil que sentimos como humanos, diría que es la alegría». ¿Por qué o por qué no?

9) Según el teólogo y escritor Tim Keller, «El *shalom* que se experimenta es multidimensional, un bienestar completo: físico, psicológico, social y espiritual. Fluye de todas las relaciones que se

han arreglado: con Dios, con uno mismo y con los demás». ¿Has experimentado el *shalom* en algún momento?

10) ¿Qué frase te ha llamado más la atención en este capítulo? ¿Por qué?

Capítulo 8: La resiliencia conseguida a pulso

1) ¿Has pasado por un momento difícil y te has levantado? ¿Qué te ayudó?

2) ¿Por qué a veces es difícil hablar de la depresión y la ansiedad? ¿Qué podría facilitarlo?

3) ¿Cuál es tu experiencia con la depresión o la ansiedad (por ejemplo: las has padecido, conoces a alguien, has leído sobre ellas)?

4) ¿Conocías todos los tipos de depresión y ansiedad? ¿Qué has aprendido?

5) ¿Qué frases de la carta «Eh, depresión y ansiedad» te han llamado más la atención, aunque no las hayas padecido personalmente?

6) ¿A quién admiras, no por su vida fácil, sino porque te ha demostrado qué significa ser resiliente, seguir levantándose?

7) Si alguien siente vergüenza o culpa por tener depresión o ansiedad, ¿qué le dirías?

8) ¿Qué mito has oído o te has creído sobre la depresión o la ansiedad? ¿Cuál es la verdad?

9) Los introvertidos tiene más riesgo de sufrir depresión y ansiedad. ¿Cómo te cuidas tú?

Físicamente:

Emocionalmente:

Socialmente:

Espiritualmente:

10) ¿Qué frase te ha llamado más la atención en este capítulo? ¿Por qué?

Capítulo 9: El pensamiento aguzado

1) De niño, ¿con qué soñabas despierto o qué fingías hacer?

2) ¿Qué «ardillas», como la preocupación, el miedo o la inseguridad, son las que más intentan fastidiarte? ¿Qué te ayuda cuando eso ocurre?

3) ¿Cómo describirías la diferencia entre rumiación y reflexión?

4) ¿Cuál es tu mentira distintiva? ¿Qué verdad puede sustituirla?

5) Piensa en un momento en el que haya ocurrido algo negativo y te hayas criticado. ¿Qué le dirías a alguien que te importa en esa misma situación?

6) ¿Cómo has sentido la presión de ser perfecto? ¿Qué te ayuda a centrarte en crecer?

7) ¿Has experimentado el flujo en algún momento? ¿Qué estabas haciendo y cómo te sentiste?

8) ¿A quién admiras por su sabiduría o su pensamiento brillante? ¿Qué te han enseñado o cómo te han inspirado?

9) ¿Qué te gusta pensar o aprender? ¿Qué es lo que te gustaría entender mejor?

10) ¿Qué frase te ha llamado más la atención en este capítulo? ¿Por qué?

Capítulo 10: La percepción perspicaz

1) ¿Cómo habrías definido la sensibilidad antes de leer este capítulo? ¿Cómo lo harías ahora?

2) ¿Cuándo prestas atención a los detalles que otros parecen pasar por alto? Pon un ejemplo.

3) ¿Cuándo estás más concentrado en lo que haces? Pon un ejemplo.

4) Cuando alguien te pide consejo, ¿qué sueles preguntarte? Pon un ejemplo.

5) Basándote en las respuestas anteriores (2-4), ¿qué áreas específicas de percepción tendrías? Puede ser una o varias. ¿Habías pensado en estas áreas de esta manera? ¿Por qué o por qué no?

6) ¿Qué puntuación sacaste en la evaluación PAP? ¿Con qué afirmación te identificaste y con cuál no?

7) ¿Cómo sabes que has llegado a tu límite? ¿Qué tres cosas te ayudan a recuperarte cuando llegas a ese punto?

8) Pon un ejemplo de alguien sensible y, a la vez, fuerte. ¿Cómo te inspira?

9) ¿De qué manera puedes utilizar tu percepción esta semana? ¿A quién ayudará?

10) ¿Qué frase te ha llamado más la atención en este capítulo? ¿Por qué?

Capítulo 11: La energía consciente

1) ¿Alguna vez has tenido una «resaca de introvertido»? ¿Qué la provocó y qué síntomas experimentaste?

2) ¿Qué tres actividades de tu vida suponen un gasto de energía? ¿Qué tres actividades son un ingreso de energía?

3) ¿Qué alimentos te ayudan a sentirte mejor? ¿Qué te facilita comer bien?

4) Piensa en un momento en el que hayas disfrutado al practicar actividad física. ¿Qué estabas haciendo y con quién estabas?

5) ¿Cuántas horas de sueño necesitas para sentirte bien? Si no puedes dormir esas horas, ¿qué pequeño cambio podrías probar esta semana?

6) ¿Cómo te ayuda la tecnología en tu vida? Si te drena la energía o te distrae, ¿qué pequeño cambio podrías probar esta semana?

7) ¿Qué espacio físico te devuelve la energía? Describe lo que te gusta de él.

8) ¿Te resulta difícil decir «no»? ¿Qué te ayuda a decir «no» para poder decir «sí» a lo que es mejor?

9) Greg McKeown tuvo una revelación que le ayudó a darse cuenta de cuánto valía realmente su energía. ¿Has experimentado un momento parecido? ¿De qué te diste cuenta?

10) ¿Qué frase te ha llamado más la atención en este capítulo? ¿Por qué?

Capítulo 12: Vive tu poderoso propósito

1) ¿Qué tres puntos fuertes tienes? ¿En qué momento has utilizado tus puntos fuertes?

2) ¿Qué tres aptitudes tienes? ¿En qué momento has utilizado tus aptitudes?

3) ¿A quién estás ayudando en esta época de tu vida y cómo lo estás haciendo?

4) ¿Qué has puesto en el borrador de tu declaración de intenciones de introvertido?

5) ¿Cómo decides qué hacer cada día? ¿Qué enfoques o herramientas te han resultado útiles?

6) Wayne Cordeiro dice: «Tuve que replantearme qué era más importante para mí (qué era lo que Dios me había pedido que hiciera) y cómo iba a reestructurar mi vida. Tuve que pensar qué incluiría mi último 5 %. ¿Qué era lo que sólo yo podía hacer...?». ¿Qué es lo que más te importa y qué es lo que sólo tú puedes hacer?

7) ¿Qué has aprendido en este libro sobre ser introvertido? ¿Cómo mejorará tu vida?

8) ¿A quién le contarás lo que has aprendido? ¿Cómo les ayudará a ellos?

9) ¿Por qué crees que Dios se reveló a través de un suave susurro? ¿Cómo crees que se revela a través de nuestra introversión?

10) ¿Qué frase te ha llamado más la atención en este capítulo? ¿Por qué?

UNA NOTA DE AGRADECIMIENTO
A LOS EXTROVERTIDOS

Estimado extrovertido:

Gracias por leer este libro y aún más por ser quien eres.

Te ríes más fuerte y viajas más ligero que yo. Llegas a la gente y les ayudas a mostrar su mejor cara. Eres divertido y hablas rápido. Intentar seguir tu ritmo puede ser una gloriosa aventura.

Me gustas, necesito tus virtudes y aprendo de tus puntos fuertes. Creo que nos complementamos, somos diferentes y mejores juntos.

Uno de mis mayores temores es que, sin querer, pueda parecer que prefiero a los introvertidos. Pero eso no es cierto: prefiero a los seres humanos. Prefiero a las personas que son exactamente como son.

Escribo sobre los introvertidos porque yo lo soy, pero también me gustaría aprender más sobre los extrovertidos. Cuando hablo con otros introvertidos, me dicen lo mismo. ¿Nos hablas de ti? Somos grandes oyentes.

Con gratitud,

HOLLEY

ACERCA DE LA AUTORA

Holley Gerth es la autora del superventas *You're Already Amazing* (Ya eres increíble) y otros libros. Tiene un máster en Counseling, es *coach* personal certificada y copresentadora del podcast *More than Small Talk*.

Holley se casó con Mark, su novio de la universidad, hace más de veinte años. Juntos son padres de Lovelle y abuelos de Eula, que llegó a su vida cuando Lovelle tenía veintiún años. Dios sigue escribiendo la historia de su familia de maneras inesperadas.

Es fácil encontrar a Holley en la mesa de una cafetería, tomando un café con leche de almendras, charlando con un buen amigo o escribiendo su próximo libro en su querido portátil.

Si quieres encontrar más recursos útiles para introvertidos, entra en la página web de Holley: holleygerth.com/introverts.

ÍNDICE